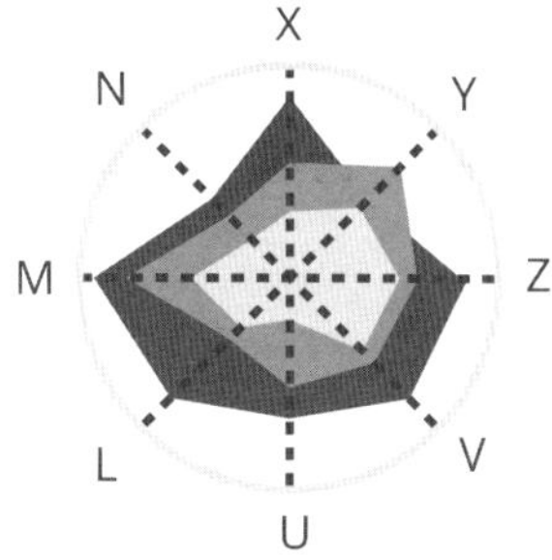


# 小數據騙局

## 不再被數字玩弄，八個觀點教你戳破媒體的圖表謊言

だから数字にダマされる

小林直樹 著
Nikkei Digital Marketing 編
呂丹芸 譯

# 前言

「○○冷感的年輕人」一詞是從何時開始被大眾接受的呢？我調查了一下，發現從二○○七年起，「汽車冷感」的用法在各大報社的新聞上出現了許多次，二○○八年年初由於前一年的新車販賣數量連續四年減少，來到三十五年以來最低的水準，所以這個說法頓時廣被大眾接納。

「旅行冷感」則是從二○○六年至二○○七年開始出現，二○○八年成了慣用語。當時原油高漲造成的燃油附加費調漲，以及二○○八年金融風暴後的景氣萎靡不振，導致出國旅遊的人數大減。

「啤酒冷感」一詞，自九○年代起於各大報新聞中偶有所見，到了二○○七年新年伊始，才開始廣為使用。媒體報導國內的啤酒出貨量連續兩年減少，因此五大啤酒公司及啤酒生產協會在五月下旬訂定了為時一星期的「啤酒週」，在六本木之丘舉辦共同促銷的「啤酒嘉年華」，連續舉辦三年。之後各地便開始各自舉辦慕尼黑啤酒節，與一般的露天啤酒派對作出不同區隔，讓年輕人也能接受。

原本「閱讀冷感」、「讀書冷感」、「理科冷感」等說法是用於學術領域的，但後來也轉而使用在一般消費財、服務業上，被隨意拿來解釋業績不佳的原因。

我已經是四十幾歲的人了，老實說我不太清楚年輕人在想些什麼。只是相較於團塊世代仍是二十幾歲時的一九六〇至一九七〇年，以及像我這類的第二次嬰兒潮世代還是二十幾歲時的一九九〇年，目前身處少子化現象的二十多歲年輕人，他們的存在其實是整體社會的少數派，想要求他們達到過往同等的消費水準實在是有點殘酷。

此外，除了將不景氣怪到年輕人頭上，現在還轉而歸罪於網路和智慧型手機的普及。但對於利用網路或社群網站來溝通，以尋求更多粉絲加入的公司企劃負責人，是不能說出「〇〇冷感的年輕人」這種話的吧。這是我最初想要寫這本書的契機。

原本我是以「〇〇冷感的謊言」作為內文企劃，但後來我發現電視節目連日報導的事件裡，什麼都冠上暴走的年輕人一詞。詳情可以在本書第二章裡讀到，但「暴走的年輕人增加了」這種說法實在很容易引人誤解。

急增／急減的數字或是煽情的事件都會造成思考僵化，將特定族群塑造成「戰犯」來批判、攻擊，是極度危險的事。

因此我彙集了一些受到不當評價或是缺乏數字根據的案例，歸納成各個種類，試著斗膽解說。

第一章介紹的是本書執筆契機的「〇〇冷感的年輕人」的謊言，第二章則舉了一些因刻板印象而被貼上標籤的案例，並試著闡明誤會。第三章藉由與過去的數字比較，提出印象與評價不同的例子。此外還整理了合計三十個事例作為個案研究，比如會讓人混淆因果與相關關係的例子等等。而連結各章之間的專欄，則收錄吸引年輕人目光而成功的企業事例或資料。

我並非統計專業的記者，卻不知分寸的撰文成書，但若讀者能經由本書對數字的看法有所心得的話，我會覺得非常榮幸。

二〇一六年十月

《Nikkei Digital Marketing》記者　小林直樹

# 目次

## 第3章 不與過去比較就下結論是愚蠢的 87



## 第4章 還有其他增加（減少）數據的因素嗎？ 115

## 第5章

## ●是因果關係？還是相關關係？

# 第6章 確認得出結果的算法 159

## 第7章

## 第8章

## 終章

# 第1章

# 深入鄰里之間的「○○冷感的年輕人」謊言

出國旅行冷感

# 「安於現狀」、「沈迷網路」年輕人不愛出國是真的嗎？

說到年輕人的「三大冷感」，應該就是出國旅行、啤酒和汽車吧。那麼我們就先從出國旅行開始談起。

「年輕人對出國旅行愈來愈冷感」這句話大概有十年的歷史了。依據法務省（編注：日本的行政機關之一，維持基本法制、制定法律、維護國民權利、統一處理與國家利害有關的訴訟。國民的出入國管理也是歸屬於法務省事務）「出入國管理統計統計表」，二十多歲年輕人的一年出國次數，從一九七九年發行的旅遊指南書《地球的行走方法》（地球の歩き方）開始突破一百萬人，接著持續上升，一九九六年達到四百六十三萬人次。但從該年之後便一路下滑，到二〇一五年甚至減少至只剩兩百五十三萬人。九〇年代日本的出國人數，二十多歲者占了百分之二十七至二十八，但現在跌落到只剩下百分之十五。也就是說，現今在外國遇到的日本觀光客，年齡層多落在中高齡世代，而很少看得見年輕人的身影了。

對於深受知名作家澤木耕太郎的小說《深夜特急》的影響，只想憑著一只背包就踏上旅程的背包客世代而言，是很難理解年輕人為何對出國不感興趣，所以幫他們編出了「安於現狀」、「受智慧型手機影響」的理由。

ＪＴＢ的領導階層還在《文藝春秋》雜誌上表示「耽憂年輕族群心靈上的鎖國」，想藉此勸勸年輕人，多到國外看看。然而年輕人真的對出國沒興趣嗎？

對「出國旅行」冷感的年輕人？

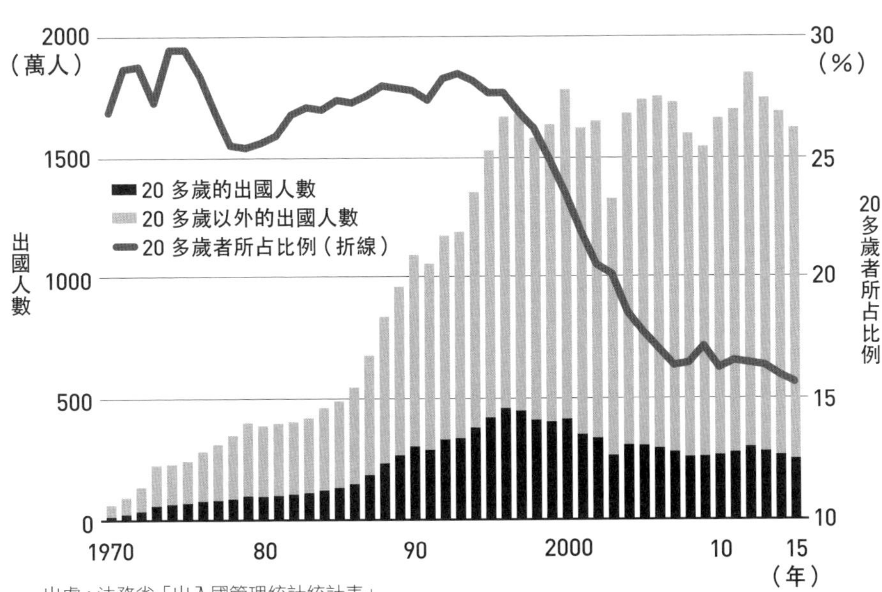


出處：法務省「出入國管理統計統計表」
http://www.moj.go.jp/housei/toukei/toukei_ichiran_nyukan.html

真相是⋯⋯

# 比泡沫世代的人還常出國

二十幾歲的年輕人一年內的出國人數，從四百六十三萬人次銳減超過兩百萬人，只剩下兩百五十三萬人，減少了百分之四十五。聽到這個消息後，大家很容易像反射動作般誤認為是「十分嚴重的事態」。

但首先來思考一下為何在一九九六年前會是高峰。在九六年是二十幾歲的人，出生年份是一九六七至一九七六年，人數超過一千九百萬人。其中包含了一九七〇年代前期出生的第二次嬰兒潮世代，這個年代的人口數眾多。而丙午年（一九六六年）出生的人數少，當時也已經三十歲了，所以不算在二十幾歲的世代裡。既然二十幾歲的人口多，理所當然出國的年輕人人數也就多了。

另一方面，在二〇一五年時是二十幾歲的人，出生年份是一九八六至一九九五年，人數是一千兩百七十四萬人，大約是一九九六年二十幾歲人口總數的三分之二。此外，一九八九年的合計特殊出生率創下史上最低紀錄，還被稱為「1.57衝擊」，這個世代的社會問

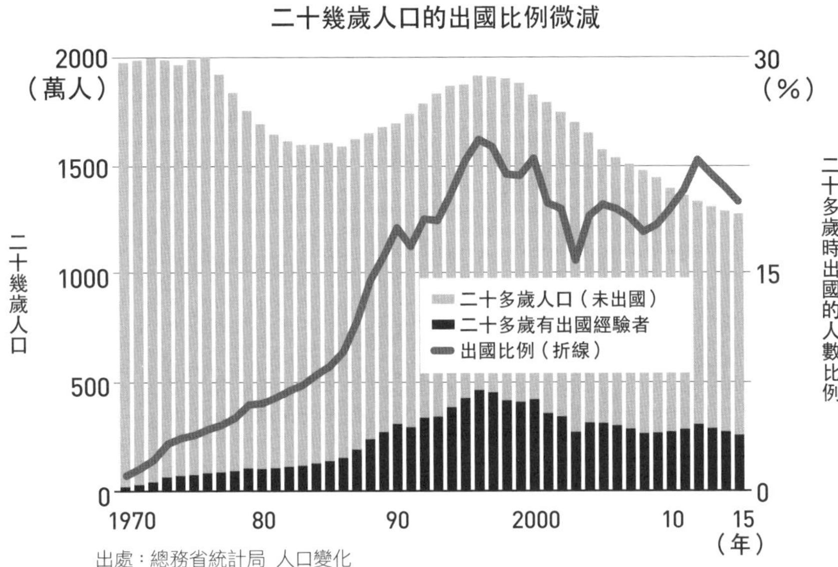

出處：總務省統計局 人口變化
http://www.stat.go.jp/data/jinsui/2.htm

題正是少子化，既然二十多歲的年輕人變少，自然出國的年輕人人數也就變少了。

要判定是否真的對出國旅行冷感，只要計算各年代二十多歲世代人口所占的出國人數就可以了。如此一來，九六年是百分之二十四，二〇一五年是百分之二十，只略減少了幾個百分比。而一九八〇年代後期的泡沫時代約為百分之十五，當時景氣明明極佳，卻比二〇一五年還低很多，一九八六年以前甚至只有個位數。開口閉口「我們年輕的時候」的世代只會嘴上說說，實際上出國的人數反而沒幾個。

在聽到「年輕人對〇〇愈來愈沒興趣了」的時候，請先確認一下是否單純只是因為人口減少所造成的影響吧。

啤酒冷感

## 就算上司邀約喝一杯也不去、無酒精飲品熱賣！年輕人真的不太喝酒了嗎？

接著來談談啤酒冷感。五大啤酒公司於二〇一六年七月公布二〇一六年上半年（一至六月）啤酒類（啤酒、發泡酒、第三類啤酒）的出貨量為一億九千兩百七十八萬箱（一箱約換算為二十大瓶），與前年同期比減少了百分之一點五。出貨量連續四年下滑，並且打破了上半年的最低紀錄。

啤酒類飲料於一九九四年達到高峰，但二十年後卻減少了百分之二十五，相當於一間啤酒大廠的銷售量消失了。九四年時因為只有啤酒這一個單純的種類，若單單是與啤酒本身的銷量相比，二〇一五年實質少了四成。而造成這個現象的元凶，除了高齡化之外，就是年輕人的啤酒冷感了。

「公司聚會時，年輕人點的第一杯飲料不是啤酒，而是自己想喝的雞尾酒或無酒精飲料。連乾杯時都不能用啤酒了嗎？」管理階層的世代們有著這樣的感嘆。

另一方面，網路的Q&A上有著這樣的問題。「工作時間以外都是我的私人時間，我完全不想參加職場上的聚會。實際上這擺明就是強迫加班，卻連加班費都沒有，還要自己掏腰包付飲料錢。」

**啤酒市場與二十年前相比衰退四成**

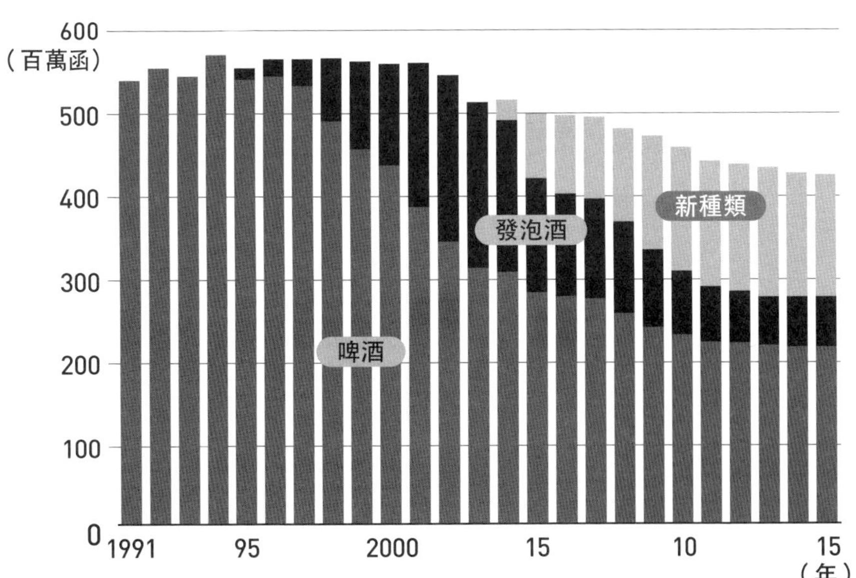


出處：朝日集團控股公司「FACTBOOK 2016」
單位：百萬函*，課稅數量基準
＊譯注：1 函＝ 12.66 公升

真相是……

## 不止年輕人，中年男性也不太喝啤酒了

年輕人真的不喝啤酒或酒精類飲料了嗎？來看看一些數據吧。博報堂生活總研每兩年實施一次的定期調查「生活定期一九九二至二〇一四年」中，針對是否喝酒（二〇一四年）的回答，二十多歲男性回答「會喝酒」的比例有百分之七十四，比起三十多歲的百分之七十八、四十多歲的百分之八十四雖然略低，但日常生活中仍是會喝酒的。至於女性，二十多歲回答會喝酒的比例是百分之六十六，僅次於四十多歲女性的百分之六十八。MACROMILL行銷公司於二〇一五年針對日本全國二十至五十九歲的一萬名男女所做的問卷中，回答「半年內曾喝過酒」的人，二十多歲者為百分之六十八點九，三十多歲者為百分之六十七點四，四十多歲者則是百分之六十九點八。年輕人不喝酒的比例並沒有特別高。

一星期有三天以上會喝酒，一天喝一合（中瓶啤酒一瓶，編注：約一百八十毫升）以上的人，稱為「飲酒習慣者」，厚生勞動省（編注：相當於我國的衛生福利部）在「國民健

康・營養調查」中調查了這種人的比例，有飲酒習慣的二十多歲年輕人，在二〇〇四年是百分之十八，到了二〇一四年則遽降至百分之十。

但這個結果不只限於年輕人。三十多歲的男性飲酒習慣者，也從二〇〇四年的百分之三十六點一，在十年後減少為百分之二十七點六，四十多歲世代也從百分之四十八點七滑落至百分之四十點九。增加的則是四十歲以上的女性及六十多歲的男性。

與過去的年輕世代相比，現今的年輕人的確對啤酒或酒精飲料比較沒興趣。但是三十到五十多歲的男性，有飲酒習慣的比例也變少了，因此可以說啤酒冷感不只限於年輕人。仔細想想，因為少子化造成人口減少的二十多歲世代，就算是對啤酒冷感，也不至於對啤酒市場的衰退造成如此大的影響吧。

### 「飲酒習慣者」占比變化

男性

| | 2004年 | 2009年 | 2014年 |
|---|---|---|---|
| 20~29歲 | 18.0% | 13.4% | 10.0% |
| 30~39歲 | 36.1% | 32.4% | 27.6% |
| 40~49歲 | 48.7% | 45.2% | 40.9% |
| 50~59歲 | 51.0% | 48.7% | 46.2% |
| 60~69歲 | 42.4% | 43.4% | 44.4% |

女性

| | 2004年 | 2009年 | 2014年 |
|---|---|---|---|
| 20~29歲 | 6.0% | 4.9% | 2.8% |
| 30~39歲 | 12.0% | 11.6% | 11.6% |
| 40~49歲 | 11.0% | 13.2% | 16.0% |
| 50~59歲 | 8.5% | 8.7% | 12.6% |
| 60~69歲 | 5.1% | 4.8% | 7.8% |

出處：厚生勞動省「國民健康・營養調查」
飲酒習慣者＝一星期有三天以上會喝酒，一天喝一合（中瓶啤酒一瓶）以上的人

法規變嚴格可能也是讓大家不再喝酒的重要原因。

在我還是學生的一九九〇年代前期，居酒屋不會一一確認十八、九歲大學生的年紀，店家也不會針對未成年限制飲酒，所以當時只要進了大學就等同可以喝酒了（但對不喝酒的我來說沒什麼關係）。當時禁止未滿二十歲的未成年者喝酒的飲酒禁止法由於相對寬鬆，因此在一九九〇年代前期，當第二次嬰兒潮世代的人高中畢業後，無論他們成為大學生或社會人，在貢獻「違法」的銷售額上都占了相當大的分量。

等到嚴格確認年齡之後，十八歲的學生在迎新派對上被救護車載走，或是不幸喪命的事故感覺比以前少了。另一方面，由於學生的飲酒聚會以二十歲為分隔線，因此三次會或是毫無節制喝到早上的人也大幅減少了。這個世代由於已經出了社會，飲酒方式改變也是理所當然的。

二〇〇六年福岡市海之中道大橋上發生酒後駕車造

**利口酒或水果酒類更多樣化，威士忌也捲土重來**

| | 2004年 | 2009年 | 2014年 |
|---|---|---|---|
| 水果酒 | 225,543 | 240,116 | 350,670 |
| 甜味水果酒 | 8,343 | 8,041 | 10,019 |
| 威士忌 | 87,965 | 83,563 | 118,070 |
| 利口酒 | 691,903 | 1,494,755 | 1,979,359 |
| 烈酒等 | 59,185 | 191,523 | 318,871 |

（單位：kl）

出處：國稅廳「酒類指南」酒類販賣（消費）數量變化表（2016 年 3 月）

成三名幼童死亡的事故，更加強警方取締酒駕的行動，大眾也認知到不應該提供酒精給駕駛人。這種法規的徹底執行，從酒精消費量來看是一種負面的主因。跟規定寬鬆的時代相比，哀嘆也是沒辦法的。

就算「總之先來杯啤酒」的習慣消失了，但是取而代之的人氣之星仍然常在。

聽說精釀啤酒大廠 YO-HO Brewing（長野縣輕井澤町）在 LAWSON 限定販售的「我的啤酒、你的啤酒」十分暢銷。被稱作 RTD（Ready To Drink）的碳酸酒精飲料或雞尾酒、Highball 等低酒精飲料的市場，在二〇一五年的業績比前年增加了百分之九，連續八年業績成長。

「打卡炫耀」也是開拓市場的一個點子。麒麟啤酒的「一番搾 FROZEN（生）」，因為浮起的泡沫有著零下五度的爽快口感而話題性十足，但更引人注目的是它在各社群網站的曝光。網站行銷設計公司 Tribal Media House（東京都港區）的社長池田紀行解釋：「冰淇淋形狀的泡沫本身就十分獨特，具有讓人『想拍下來給大家看』這種商品特性，這就是它的成功之處。」

這個案例就不是怪罪年輕人，而是善用智慧。

## 「沒談過戀愛」的二十幾歲未婚男性，才三年就增加一點七倍是真的嗎？

在十八歲到三十四歲的未婚人士中，沒有交往對象的男性有百分之六十九點八，女性有百分之五十九點一。

這是二〇一六年九月，從國立社會保障人口問題研究所的出生動向基本調查中得知的數字。比五年前的男性百分之六十一點四、女性百分之四十九點五明顯增加不少。「不會特別想交女友」的男性，也從之前的百分之二十七點六上升到百分之三十點二。看起來戀愛冷感的傾向似乎無庸置疑。

然而過度渲染的調查結果也紛紛出籠。讓我們來查證看看。

「二十多歲男性有百分之五十三『沒談過戀愛』」。二〇一六年六月下旬，類似的新聞標題出現在各大新聞網站上，訝異的聲音和「我們終於趕得上潮流了」這類的自嘲在推特（twitter）上也層出不窮。

原始出處來自於明治安田生命保險集團的智庫——明治安田生活福祉研究所（明治安田研）於同年二月針對二十至四十九歲的受訪者進行戀愛結婚調查「第九回結婚・生產相關調查」。順帶一提，三年前（二〇一三年二月）所實施的調查結果是百分之三十點二。大概是因為遽增了一點七倍的關係吧，這份調查在ＮＨＫ的「早安日本」、日本電視台的「SUKKIRI」、「ＺＩＰ」等節目上都紛紛加以報導。我們對於這個數字，該如何思考呢？

**明治安田生活福祉研究所在二〇一六年二月進行的調查結果被許多網路媒體報導**

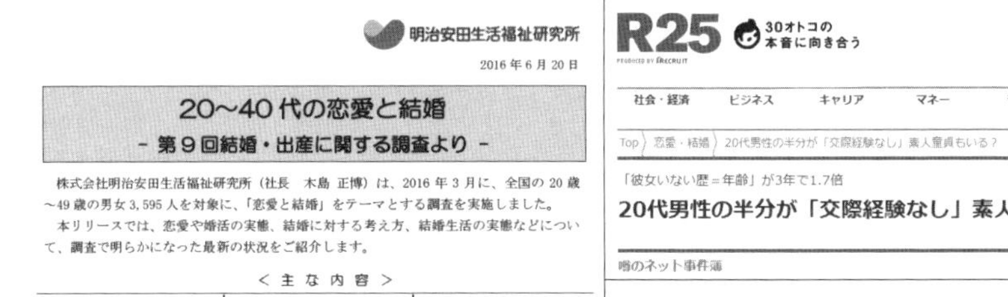

明治安田生活福祉研究所

2016年6月20日

20～40代の恋愛と結婚

－第9回結婚・出産に関する調査より－

株式会社明治安田生活福祉研究所（社長　木島 正博）は、2016年3月に、全国の20歳～49歳の男女3,595人を対象に、「恋愛と結婚」をテーマとする調査を実施しました。

本リリースでは、恋愛や婚活の実態、結婚に対する考え方、結婚生活の実態などについて、調査で明らかになった最新の状況をご紹介します。

＜主な内容＞

| ○理想の結婚相手有名人では？ | ○結婚願望があるのは | ○恋人がいる20代 |
|---|---|---|
| 上戸彩 さん | ◆20代男性は 3年前67%⇒今回39% | 男性は5人に1人 女性は3人に1人 |
| つるの剛士 さん | ◆20代女性は 3年前82%⇒今回59% | ○20代未婚男性の2人に1人は交際経験なし |

R25 30オトコの本音に向き合う

社会・経済　ビジネス　キャリア　マネー　ライフ　IT

Top 〉恋愛・結婚 〉20代男性の半分が「交際経験なし」素人童貞もいる？

「彼女いない歴＝年齢」が3年で1.7倍

20代男性の半分が「交際経験なし」素人童貞もいる

All About NEWS

社会　ビジネス　ライフ　テクノロジー　芸能・

All About NEWS 〉ライフ 〉20代男性の半分は交際…

20代男性の半分は交際経験なし 結婚も恋愛もし

ITmedia ビジネスオンライン

@itm_business

SNSで話題です

20代男性の53.3%が「交際経験なし」結婚意識に「年収」は影響大 - ITmedia ビジネスオンライン

BIGLOBEニュース　注目トピックス　フォローする

@Bnews_topics

20代男性の53%が交際経験なし

20代男性の53%が交際経験なし

明治安田生活福祉研究所は、全国の20歳から49歳の男女3,595人を対象に「恋愛と結婚」に関する調査を実施し、結果を公表した。調査結果によると、20代未婚男性の53.3%、30代未婚男性の38.0%が…

news.biglobe.ne.jp

真相是…

## 交往經驗不會從有到沒有，所以數字根本對不上

明治安田研從二〇〇五年開始持續進行結婚、生產的相關意識調查。對本次調查結果以「上升了百分之二十三點一，增加一點七倍」的圖表方式做出報告。各新聞網站對這個巨大的變化大肆報導，連電視台也加入跟風的行列。

但請大家稍等一下。沒交往經驗的人在三年內增加百分之二十以上是真的嗎？數字暴增的結果，是因為在這三年內年輕人身處的環境有什麼變化嗎？說到底，才短短三年，「沒談過戀愛」的人就多了百分之二十這件事，是有可能發生的嗎？我們有必要以這樣的觀點來重新審視數字。

首先要確認的是調查概要。同一個調查在二〇〇五年的首次調查到二〇〇七年的第三次調查都是用郵寄方式來調查，但在二〇〇八年的第四次調查開始改成網路問卷，原本實施對象是 MACROMILL 行銷公司的登錄會員，但這次調查卻換成 Cross Marketing 公司的登錄會員。

市場調查公司Searchlight（東京都豐島區）社長兼Recruit住宅總研主任研究員志村和明提醒大家：

「變更調查公司且沒有查證的話，在做過去歷年的比較時，是無法作為公司內部的調查資料，甚至也不適合當成長達十年的定期調查。這關係到研究調查的基本。像這次數字有變化的案例，由於對社會有很大的影響，在發表上更應該謹慎不是嗎？」

這項調查還有其他問題。

我們來看看調查概要的回答人數，相較於三年前的調查中，

**20~29歲（＝20代）未婚男性「無戀愛經驗」者僅三年就倍增的可疑之處**

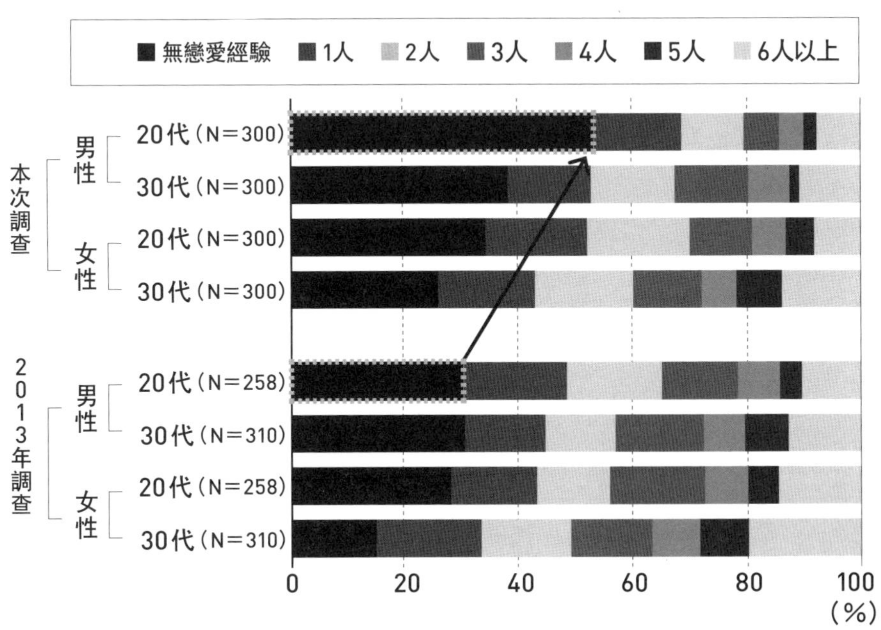


出處：明治安田生活福祉研究所「結婚、生產相關調查」

二十歲前半段的未婚男性一百零三人以及同世代後半段的一百五十五人，是二十代後半的回答者占多數。但這次的調查裡，二十多歲的前半段和後半段人數各是一百五十人。兩次調查都沒有做修正，是在年齡分布不均的狀態下做比較。

針對這一點詢問明治安田研之後，得到的回答是「這次的資料搭配前次基準做修正之後，從百分之五十三點三略降了零點八，為百分之五十二點五，但整體傾向是不變的。」

然而，這樣更讓人疑惑了。本來二十出頭的人回答「沒交往經驗」的人數應該會比二十歲後半多，但二十出頭的回答者人數減少之後，沒有交往經驗的比例僅減少了一點點。這代表的是交往經驗不會隨著年齡增加而急增，反而是非常緩慢的成長。順帶一提，這次的調查中，「無交往經驗」的比例，二十代前半是百分之五十七點三，二十代後半是百分分之四十九點三。三年前的二十代前半是百分之三十四，二十代後半是百分之二十七點七。

## ※如何看待不合理的變動？

以這些數字為基礎，將二十幾歲的「已婚者」、「有交往經驗的未婚者」、「沒交往經驗的未婚者」的比例依年齡別來做模擬推算。若將已婚率（含離婚、喪偶的獨身者）對照二〇一〇年的國勢調查（二十代前半平均約為百分之六、二十代後半約百分之二十八）來看，二十代後半在設定上是會急速增加的。另一方面，「沒交往經驗」的比例，由於不會隨著特定年齡而急速減少，所以若以二十代前半的中間值二十二歲及二十代後半的中間值二十七歲來假設，會以相等的間隔減少。已婚率三年來雖然有減少的可能性，但在這裡是沒變的。

從圖表來看，三年前

「有交往經驗」的人到三年後變成「沒交往經驗」？

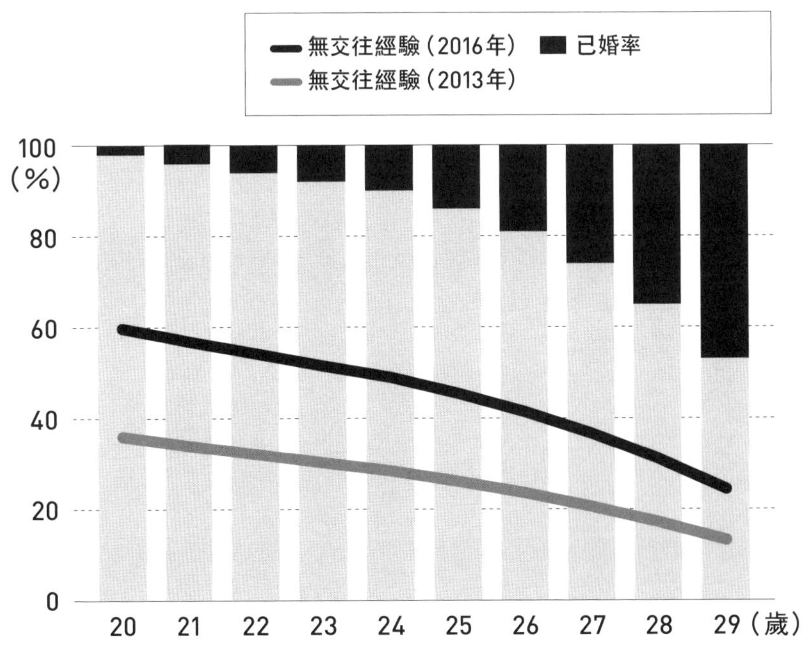


※ 這是我以明治安田生活福祉研「結婚、生產相關調查」為基礎所製成的表

二十歲的人「有交往經驗＋已婚」者超過六成，而現在二十三歲的人「有交往經驗＋已婚」者不到半數。交往經驗可以從「無」變成「有」，但一定不會從「有」變成「無」。有交往經驗的人就算變成為已婚者而從調查對象中除名，但即使把這一部分加上去之後，數字還是對不上。明治安田研承認：「上次和這次的回答者由於不是同一批人，也就是說這並非是追蹤調查的緣故，所以數值有可能會大幅變動。」

## ※問題不同，也可能讓人回答變積極

如同志村先生所指正的，像這種產生大幅變動的調查，至少要避開長期的系列比較，而且還得對發表的結果有所限制或加上注解，不然就是要舉出合理的社會主因來說明。壽險公司的智庫明治安田研所做的這份調查，因為會將晚婚、未婚造成單身者增加的現象與保險合約數量及金額成長疲軟連結在一起，在業績上看來可不是什麼讓人期望的好事。然而公布「無交往經驗」的人數增加更讓大家議論紛紛，留下許多難以解釋的問題。

這次交往數字的差異是由於更換調查公司而造成的，那麼這代表 MACROMILL 的調查對象看來比較多「勝利組」嗎？到底哪個公司的調查對象比較接近該世代的真實聲音呢？

問這種問題其實也沒什麼意義。事實上這兩家大公司登錄的受訪人數都相當多，所以很難認定受訪者的性格大不相同。我們還不如推想其實是提問內容跟回答環境不同，會改變回答傾向。

比方說，提問中除了問有無交往經驗之外，還加了許多跟上次不一樣的問題，這對沒有交往經驗的人來說，問題是不是比上次容易回答，也可能改變回答完成率。此外，即使有大量問題仍然可以全部完成的人，要不就是個性十分認真，不然也可能是非常想要完成後的贈品。如果手機畫面很難作答，也可能導致受訪者填到一半就放棄，若回答者多數是以電腦作答的話，也可能會偏離一般二十幾歲世代的結果。因此問題或回答環境也是可能造成結果不同的。

政治冷感

## 十八歲即有選舉權，對二十幾歲年輕人投票率低迷感到憂慮最近的年輕人對「政治」沒興趣了嗎？

「年輕人對政治漠不關心」這句話時有所聞。大家對年輕人的低投票率感到憂心。二〇一四年十二月的眾議院選舉中，相對於六十幾歲者的投票率有百分之六十八點二八，二十幾歲者的投票率卻只有百分之三十二點五八，連半數都不到。這次眾議院選舉時，因為有個假扮成小學生的大學生設立網站「為什麼不解散呢？」而引起廣大話題，讓選情失焦，結果全體投票率也只有百分之五十二點六六。

焦點如果明確的話，年輕人就會前往投票嗎？但看來反應也是很慢的。二〇〇九年的政權交替選舉，全體投票率為百分之六十九點二八，將近七成，但二十幾歲年輕人的投票率仍不到百分之五十。

二〇一六年七月的參議院選舉，是國家選舉中首次將選舉權年齡下調至十八歲以上的選舉，因此數字格外引人注目。全體投票率是成長緩慢的百分之五十四點七，但十八歲的投票率是過半數的百分之五十一點二九，展現了高中「主權者教育」的豐收成果。另一方面，十九歲的可投票者中也有不少人將住民票留在老家跑到別處去念大學，所以十幾歲人口的投票率是百分之四十六點七八。因此若要說十八歲選舉權是到了二十歲後才突飛猛進也是不對的。二十幾歲的投票率是百分之三十五點六、三十幾歲是百分之四十四點二四，都敗給了十幾歲的世代。說來也是挺可悲的，這讓我們看見了教育是可能改變現狀的。那麼，對於年輕人的政治冷感，要怎麼來看待呢？

各年齡層的投票率（2009、2012、2014 年眾議院選舉）

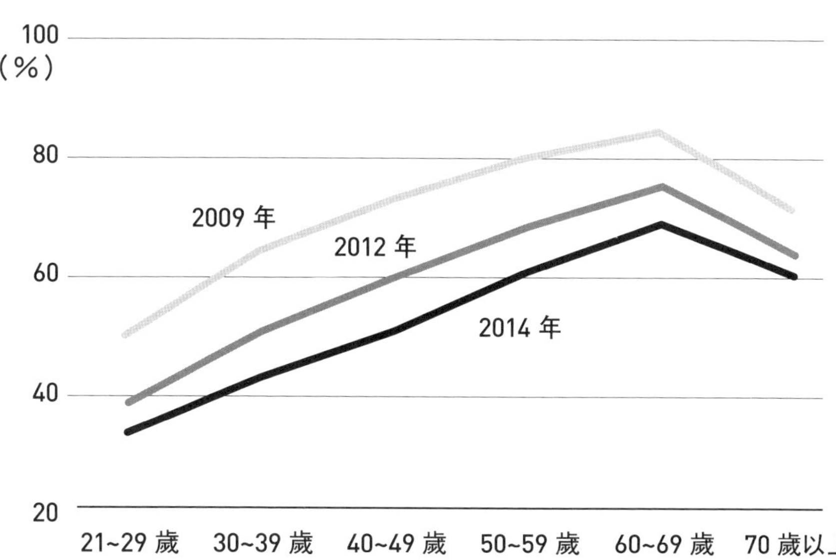


出處：總務省「眾議院議員總選舉各年齡層投票率變化」

真相是……

## 三四十多歲世代的投票率更低迷

聽到國家選舉二十多歲年齡層的人只有三成多，的確會讓人皺起眉來。依年齡層來分的話，投票率最高的六十多歲團塊世代可能會很想抱怨吧。在他們還是二十多歲時的一九七二年、一九七六年的眾議院選舉，當時這個世代的投票率都超過百分之六十。

但稍微換個角度來看數字的話，「不管什麼時代，年輕人的投票率都是低的」這個看法也是成立的。團塊世代當時是二十多歲的一九七〇年代，四十到六十多歲世代的投票率高達百分之八十二到八十四，相較二十多歲高了二十個百分點以上。要打比方的話，就像是考試時拿到了八十分以上的學生非常多，但二十多歲的卻是好不容易才拿到及格的六十分。以當時水準而言可說是非常差。而現在（二〇一四年眾議院選舉）則沒有學生的分數超過七十分，在平均分數五十二分的考試裡，二十多歲的分數是三十多分這樣的感覺。

將數據偏差值化之後更容易掌握狀況。我們把每個世代的投票率假設成從二十歲世代到七十歲以上世代的個人考試成果，將六個世代的數值偏差值之後，把數字的變化做成圖表。這樣一來，就會發現二十幾歲的世代幾乎都是墊底的。九〇年代中期到兩千年的二十幾歲偏差值大約都在三十左右游走，的確是很低，但之後開始稍微有起色。

問題更大的在三四十歲。三十多歲的人曾經好不容易在偏差值五十左右，看似靠近了拉高投票值的區間，但後來又慢慢降低。最近則靠近偏差值四十。四十幾歲的傾向也很類似。從將近六十的偏差值一路往下跌，在二〇一四年眾議院選舉時終究跌破偏差值五十。也就是說四十幾歲的投票者也轉向拉低投票率的那一方。正值事業全盛期的三四十歲壯年世代，對政治的冷感遠比年輕人更嚴重。

不同年齡層的投票率偏差值變化

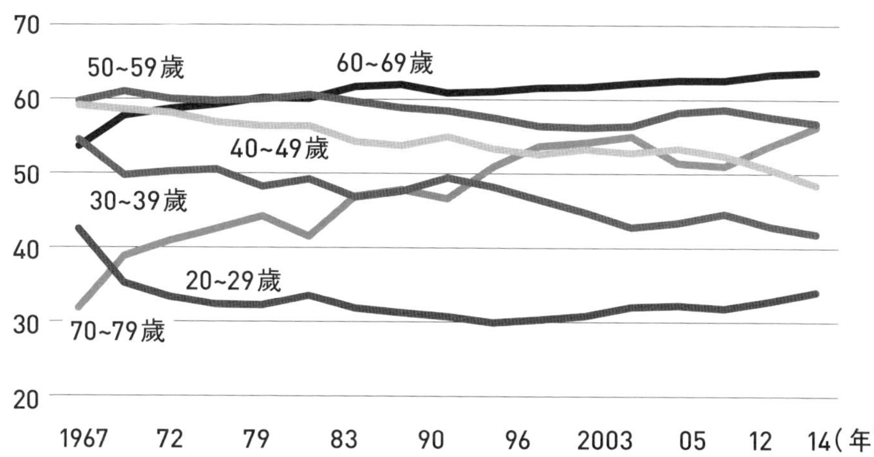


出處：由總務省「眾議院議員總選舉各年齡層投票率變化」數值轉化成偏差值化後的結果

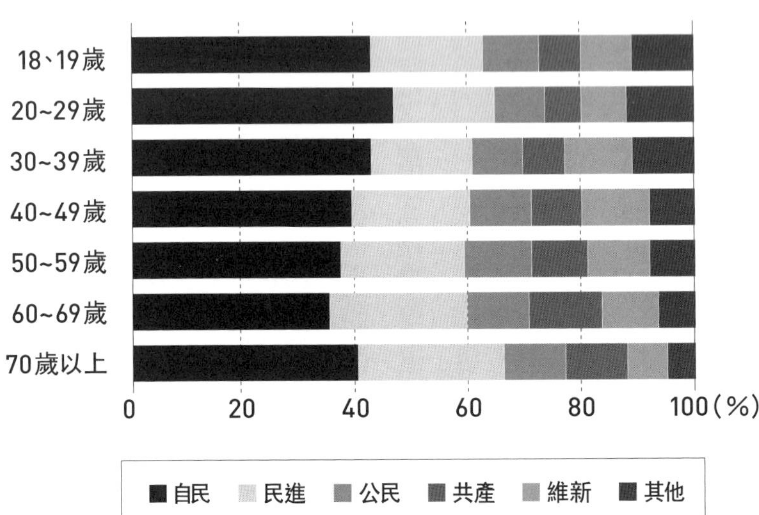


相對的，一直提高偏差值的是七十幾歲的世代。二〇一四年眾議院選舉中與五十多歲世代的投票率不分軒輊。看來團塊世代到了七十歲以後也會維持這個傾向吧。

有人會開始擔心「年長者民主主義」的發酵，也就是由於年輕人不去投票，所以政府在政策上只會討好年長者。只是這能否促使年輕人提升投票率，仍是未知數。

二〇一四年眾議院選舉時，六十多歲的人口約一千八百萬人，相較之下，二十多歲人口不到一千三百萬人。如果六十多歲的人有七成去投票，那麼二十多歲的年輕人就一定要百分之百都去投票才可相抗衡。若年輕人知道這像「過不了關的遊戲」後，也許會更加喪失戰力也說不定。此外，現在的自公政權（編注：指自由民主黨與公明黨組成的

連合以網路動畫吸引年輕人

執政聯盟）雖然因為年長者民主主義而被抨擊的十分猛烈，但年輕世代投自民黨的比例較高，民進黨並不會成為他們期望的對象。就像二〇一六年九月選出的蓮舫新代表雖然倍受期待，但選後的民調其政黨支持率並沒有成長。

連合（日本勞動組合總連合會）看準了十八歲選舉權，在二〇一六年的參議院選舉前製作了呼籲投票的動畫企圖吸引年輕人。先不論它的主張，在與年輕人緊密相關的媒體上曝光是很重要的。國勢調查因為也可以在網路上作答，所以大家對於網路投票的期待也很高。年輕人對政治的參與，不僅在網路選舉的解禁，更會隨著網路選舉一股作氣邁進吧。

汽車冷感

## 不再憧憬開車兜風約會 年輕人對車子不再懷抱夢想了嗎？

「汽車冷感」這句話已經存在超過十年了。日本自動車販賣協會連合會（自販連）與全國輕自動車協會連合會（全輕自協）所發表的二〇一五年度新車販賣數（含輕型車），與前年相比減少了百分之六點八，為四百九十三萬七七三四台，連續兩年比前一年的業績低，時隔四年跌至不到五百萬台。而四年前是二〇一一年三一一大地震時，因輕型車增稅的影響也使各家輕型車販售數量皆不如前年。

二〇一六年又是如何呢？日本自動車工業會將國內新車販賣數的預測值下修，預估比前年少百分之一點九，為四百八十四萬五千兩百台。由於消費稅漲為百分之十的時間預計會再往後延，因此不需要提前買車。

汽車業界團體的統計都是比前年差。順帶一提，國內販售的最高峰時期是一九九〇年的七百八十萬台。

日本自動車工業會於二〇一六年四月發表的「乘用車市場動向調查」指出，沒有車的十幾二十幾歲社會人中，「對車子沒興趣」者有百分之六十九，「沒有買車意願」者有百分之五十九，都呈現上升傾向。而不想買車的理由主要有「不買也可以生活」、「加上停車費什麼的支出會比現在多更多」。年輕人真的對買車不再嚮往了嗎？

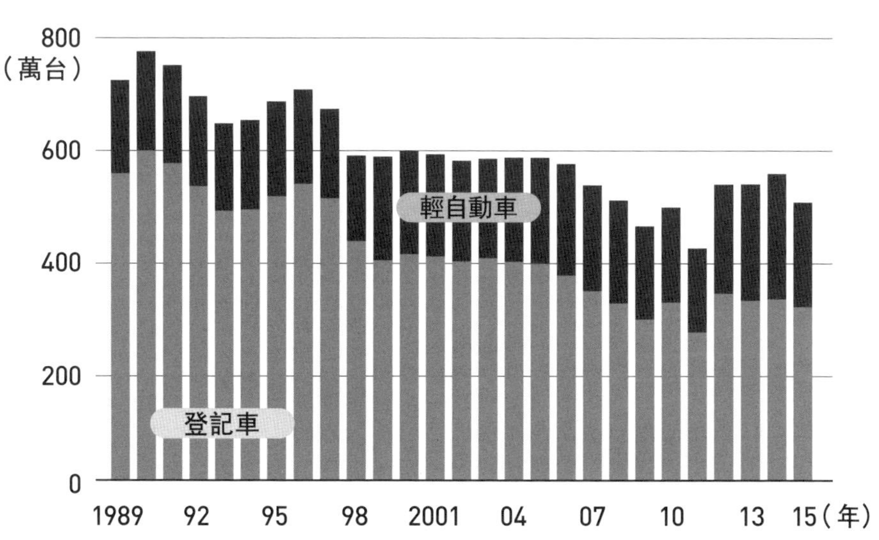


出處：日本自動車工業會

真相是……

# 中堅世代對車、駕駛的興趣也減少了

NLI基礎研究所（東京都千代田區）生活研究部的久我尚子主任研究員，參考總務省「全國消費實態調查」研究未滿三十歲的單身勞動者「汽車相關費用」，比較了年代略微久遠的一九八九年及二〇〇九年的資料（參考《年輕人真的沒錢嗎？》光文社新書），與交通、通訊費的汽車相關費用比例，男性從百分之六十三點五降為百分之五十九點一，女性從百分之二十六點一增加為百分之三十點九。同年齡層的汽車擁有台數也是男性減少、女性微增，都是每一千世代超過四百台的水準。男性由於減少幅度很大，與過去的二十多歲年輕人相比，現今的年輕人的確對車子的興趣不大。

那麼中堅世代又是如何呢？看得出來對車子的愛好也蒙上一層陰影。博報堂生活總研「生活定點」調查表示，興趣是「車子、駕駛」的人，比例變化按年代來分的話，急減的雖然是二十一至二十九歲的人，但三四十多歲的人也從原本的百分之四十跌至不到三成。中堅世代雖然不至於放棄車子，但也確實開始不再熱衷了。

對車子熱情不大，會拉長車子汰舊換新的期間，這是抑制汽車販賣量的主因。由自動車檢查登錄情報會的資料顯示，二〇一五年的汽車「平均車齡」是八點三年。意思是指雖然行駛於路上的登記車輛年齡從零歲一直到十年戰士都有，但平均年齡都超過八歲的意思，車齡已經連續二十三年「高齡化」了。雖然原因也包含了車子的性能提升，但收入無法突破，之後對車子的需要也會變少，消費者換車的意願自然也就不高了。

因此國內汽車銷量不佳不能只怪人口減少的年輕世代對車子冷感，中堅世代的價值觀和生活方式的變化，也會造成影響。

依照居住的區域不同，透過車子可

興趣為「汽車、駕駛」的比例

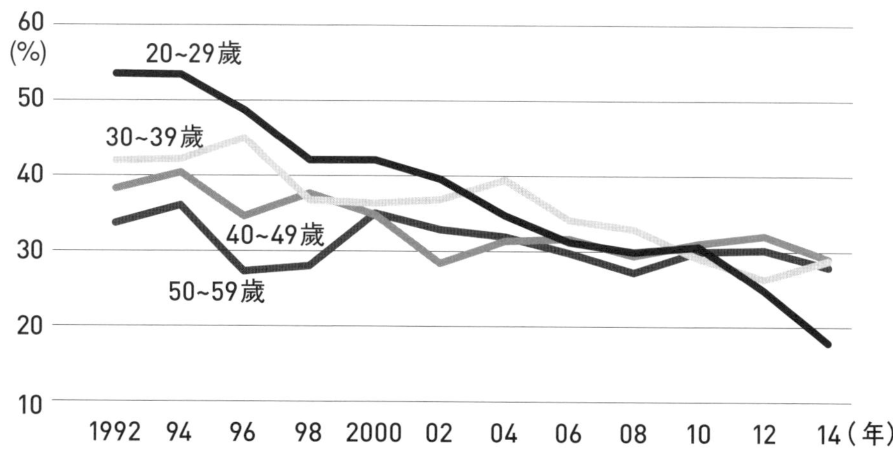


出處：博報堂生活總研「生活定點」調查

**電車一年內利用次數及自用車通勤、通學率：都道府縣製圖**

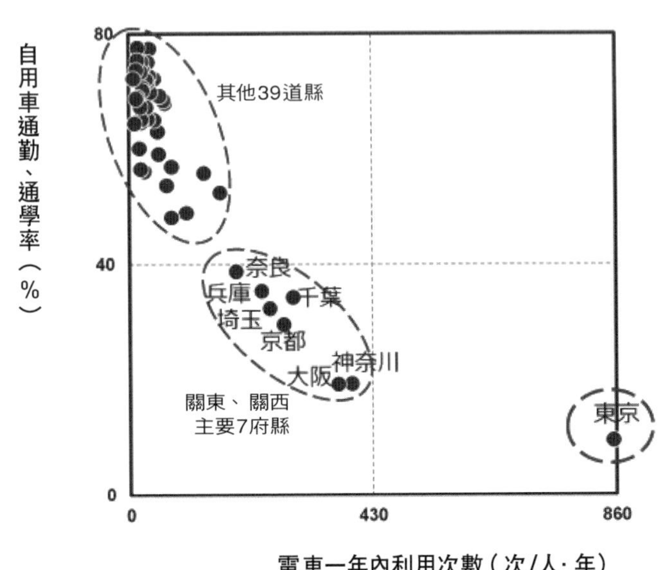


出處：雅虎「日本是由兩個國家組成的 ?! ～由數據看東京的特殊性～」

看到的情況也不同。就算對自己停滯不前的收入感到憂心、對前途不安，但作為某些地區生活上不可或缺的代步工具，有些人可不是那麼簡單就可以脫離車子的。

雅虎的「大數據報告」團隊於二〇一六年三月發表的「日本是由兩個國家組成的?!～由數據看東京的特殊性～」中提出了讓人很感興趣的內容。以一人一年內利用電車的次數為橫軸、利用自用車通勤、通學率為縱軸做成的都道府縣製圖中，顯示了東京是壓倒性的電車社會。

居住在東京的人一年內會搭八百次以上的電車，是神奈川、大阪的一倍以上。而其他絕大多數的縣主要是以自用車代步，電車一年約搭數十次而已。

住在其他地方的年輕人口正在外移，開始集中轉向東京圈內。近年（二〇〇六至二〇〇八年）每年都有十萬人以上移入東京圈，而其中絕大多數都是不到三十歲的年輕人。年輕人若從車子是生活必需品的地方，遷到不需車子也能生活的東京，就算想要買車，但在東京又要付房租又有車的話，還要加上停車費之類等的其他支出，這樣實在很難生活下去，因此不得不脫離有車一族。這樣的事實浮上檯面後，若還想試著做一些「告訴年輕人兜風約會的樂趣」專欄，真的會有回響嗎？

等到組成家庭、有了小孩之後，雖然有人會覺得「有車比較方便」，但隨著晚婚化，會有這種想法的二十多歲的人也減少了。三十歲之後因應建立家庭而開始選購車輛的人，車商也需要開始做準備。速霸陸（富士重工業）原本以「奔馳的 SUBARU」影片為重心，從二〇一五年後改成以「安心及愉快」作為標語，著重於安全技術「EYESIGHT」的感性訴求型影片。

水果冷感

# 剝皮很麻煩？怕酸？不吃水果的年輕人變多是真的嗎？

提到「年輕人的〇〇冷感」，最常提到的是出國旅行、啤酒、車子等主題，最近還增加了水果這一項。

JA GORUP的智庫JC總研於二〇一五年八月針對全國男女二千一百一十七人所實施的網路調查中，三十歲以下「每天」會吃水果的人只有百分之八點七，不到一成。這個數字跟二〇一四年的百分之二十點三、二〇一二年的百分之十六點八、二〇一一年的百分之十點七相比，差距甚大，但在現今的潮流中，似乎確實有下降的傾向。

中央果實協會的「水果消費相關問卷調查」中問到「沒有每天攝取生鮮水果的理由」，最多人回答的是「無法久放」（百分之四十二點二）、其餘還有「太貴」（百分之三十九點一）、「剝皮很麻煩」（百分之二十九點七）、「還有別的食物可以吃」（百分之二十八點二）。

除了上述理由之外，還有人提到「不喜歡酸味」。水果依種類別來看的話，奇異果和香蕉的進口量成長了，但相對的葡萄柚十年內卻減半。這似乎可以說是年輕人喜歡吃甜，但也可以想成若只有從年輕人的味覺變化來看的話，人數並沒有減半。水果冷感的實際情形是如何呢？

三十歲以下的人水果攝取「一週不滿一天」的人超過半數

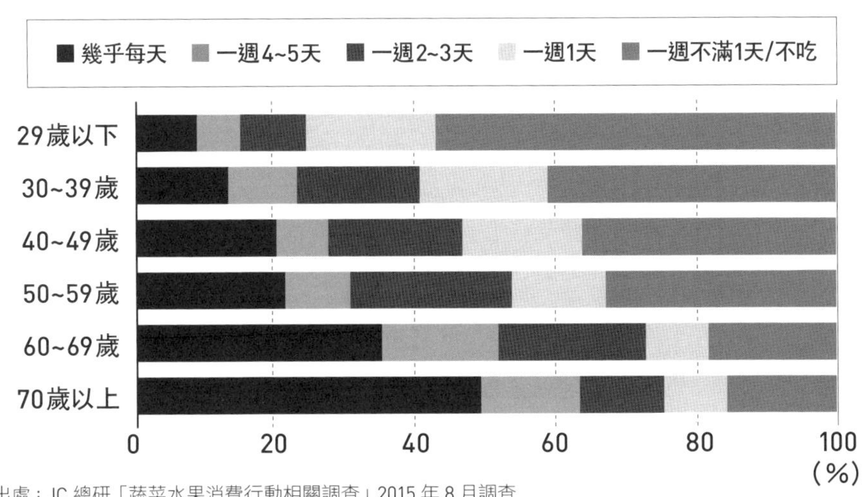


出處：JC 總研「蔬菜水果消費行動相關調查」2015 年 8 月調查

真相是⋯⋯

## 最不愛吃水果的是四十多歲的人
## 正解是中堅世代對水果冷感

年輕人的水果攝取量很少，這點無法否定。厚生勞動省的「國民健康、營養調查」中顯示，二十多歲人的每日水果攝取量，從二〇〇一至二〇〇三年的平均七十九克，到二〇一一至二〇一三年的平均六十九克，減少了百分之十二點七。

那麼全體的傾向又是如何呢？同一調查顯示全體從一百二十四克減少為一〇八克，減幅為百分之十二點九。原本攝取量就少的二十多歲年輕世代，其實與全體的減少傾向差不多。不吃水果明明是全體的傾向，卻會只針對攝取量少的世代來指責「年輕人」。

也有意見指出，年輕世代由於一個人住的比例較高，所以水果吃不完。然而總務省的家計調查顯示，兩人以上的家庭每人購入的一年水果量，從一九九三年的百分之三十二點七公斤降到二〇一四年的二十六點七公斤，二十年內呈現逐漸減少的趨勢。依年齡別來看，與十年前（二〇〇一至二〇〇三年）比，攝取量增加的只有七十歲以上的世代，由一百五十七克增加到一百六十一克，多了百分之二點五。

那麼來追查「犯人」是誰吧。實際上十年前二十多歲的人也比三十多歲的人攝取的水果量少，與十年前相比，由七十一克減少為六十克，少了百分之十五點五。

在減少的比例中，更引人注意的是四十到五十九歲的族群。四十多歲由九十七克降為六十五克，少了百分之三十三；五十多歲由一百四十二克降為一百克，少了百分之二十九點六。只吃六十五克的四十多歲世代還比吃六十九克的二十多歲世代

**40~49 歲輸給 20~29 歲的嚴重事態**

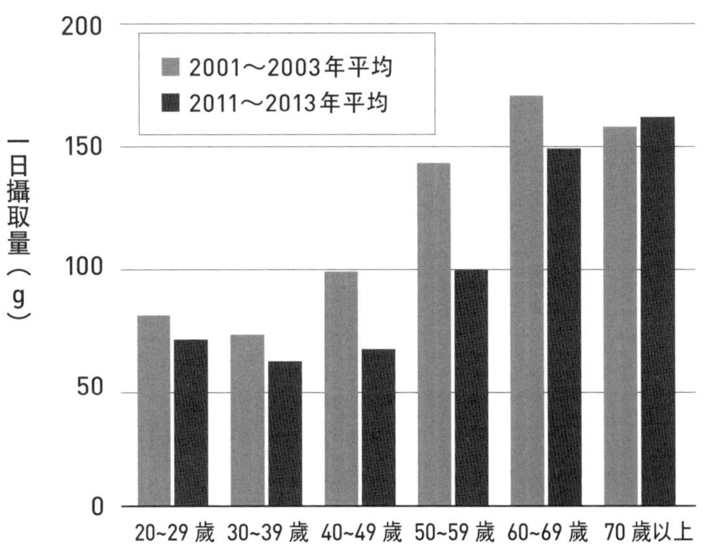


出處：農林水產省「果樹情勢」2016 年 7 月

吃的更少。五十多歲也少了三成。因此要說年輕人對水果冷感，還不如說「中堅世代的水果冷感」或是「日本人的水果冷感（銀髮族除外）」還比較正確。

在一片低迷的水果銷量中，唯一賣很好的是奇異果。理由是切半後用湯匙就可以吃了，十分方便。但就連奇異果在國內消費中，也有將近半數以上是六十歲以上的銀髮族購買的。基於這種危機意識，販售ZESPRI奇異果品牌的ZESPRI INTERNATIONL JAPAN（東京都港區）果斷地決定活用數位行銷。過去該公司一貫的宣傳方式是在贈品活動實施期間的春秋兩季在電視上播放廣告。這個行銷方式雖然保留，但沒什麼人看的電子報則停刊了。二〇一五年還多了兩個針對二十至四十九歲年齡層為訴求的數位企劃，主打奇異果的營養價值。

一個是六月公開的有趣網路企劃「不可能的日本故事桃？太郎」。老婆婆要去河邊洗衣服時漂來了桃子和奇異果，如果選了奇異果，故事就會繼續進行，這個互動企劃講的是奇異果太郎與他的伙伴打

ZESPRI以APP吸引年輕人及女性

敗了獨占奇異果妖怪的故事。以有小孩的二十到四十世代的媽媽為對象，讓她們能一邊和小孩體驗類似桃太郎故事的樂趣，一邊理解被稱為「超市水果」奇異果的營養價值。

另一個企劃是在明信片貼上貼紙郵寄的贈品活動，並且讓APP也可應用在這個活動上。ZESPRI企業在奇異果日（九月一日）公開了「ZESPRI十四天實感體驗APP KIWI訓練」APP。啟動APP後，使用者可以用手機相機拍下奇異果上貼著附有ZESPRI LOGO的貼紙，APP還能提供使用者每天不同的運動、奇異果的簡單食譜以及各種有用的資訊。每天看完APP的內容後，如果在訊息確認中選擇「已經做了運動」，就等於當天已參加了活動。這種利用APP互動的方式，可以讓「吃奇異果能使身體健康」的主題持續發揚。另外在每年的全國超市賣場舉辦的數千場試吃會上，也會發傳單介紹APP，擴展APP的認知度。

奇異果能賣得這麼好，並不只方便易吃，像這種試行錯誤的企劃也占了很大的一部分。有些水果無法一次全部吃光，但若利用切塊水果的包裝法，以方便吃的方法和合理的價錢來零售的話，反應也是不錯的。前面提到的調查中，在「不會每天都吃」的理由裡，回答「不喜歡」的人只有百分之八。在責怪年輕人之前，廠商先想想有什麼可行的方法吧。

報紙冷感

# 不只年輕人，連中生代也不看報紙了？企業發新聞稿不就是白費工夫？

NHK每五年會實施一次「國民生活時間調查」。二〇一五年版的調查結果顯示「報紙冷感」的現象似乎愈來愈顯著了。

・閱讀報紙（含電子版）的人平日和星期日為百分之三十三、星期六百分之三十五。
・全體閱報時間平日十六分鐘、星期六十八分鐘、星期日十七分鐘。
・一九九五年之後持續減少，尤其以近五年降幅最大。
・平日閱報者中，男女性六十歲以上者過半，三十歲以下者不滿一成。
・男性全體及女性二十至四十九歲、六十至六十九歲者從二〇一〇年起減少。

從數值上可明顯看出年輕世代很少看報紙。

看報紙的讀者比例，二十至二十九歲男性平日、星期六為百分之八、星期日為百分之七；二十至二十九歲女性平日為百分之三、星期六為〇、星期日為百分之二。若加上包含不閱報者的平均閱報時間的話，二、三十歲男性平日約三分鐘、四十幾歲男性七分鐘。

另一方面，若是單純為閱報者的平均閱報時間，平日是四十八分鐘、星期六日五十分鐘，資料顯示自一九九五年之後沒有太大變化。

NHK的調查結果顯示，不只年輕人，連中年人都是「包含電子報，大部分的人都不看報紙了」。大家真的都對報紙愈來愈不關心了嗎？

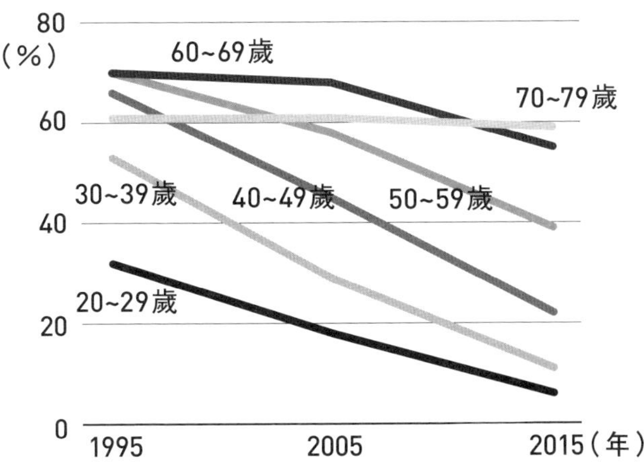


出處：NHK「2015 年國民生活時間調查」

真相是⋯

# 雅虎新聞上的新聞大多是報社發布的

年輕人常住的一房式大樓的信箱，已經很久沒看到報紙了。報「紙」冷感是真的嗎？問題在於，不管是實體的報紙或是網路新聞，大家真的都不看新聞了嗎？

我們來確認一下NHK的國民生活時間調查是用什麼方法來實施的。受訪者會拿到一張從凌晨零點起開始二十四小時、以十五分鐘為一間隔的調查用方格紙（如左圖）。受訪者將調查日那天的行動依照「零至七點睡覺」、「八至九點通勤」等約三十個行為項目填入方格中。在這約三十個行動中，包含了「電視」、「報紙」、「影片」、「運動」、「興趣」，以及「娛樂上網」等。若該行為最低無法持續十五分鐘，則不算入行為內，持續十五分鐘以上的歸入「行為者」，像看報的話就歸入「看報行為者」。

若是看紙本新聞的話，開始閱讀報紙起算一定馬上會超過十五分鐘。但利用網路在智慧型手機來閱讀的話，到底怎樣才算「看報紙／新聞」呢？

瀏覽推特時看到吸引人的新聞標題，便停下來用滑鼠按一按（或用手觸碰）→那是在雅虎新聞上提供的全國新聞報導，大略瀏覽一下↓對於在報導中提到的人名有興趣，所以搜尋了該人名↓依搜尋結果閱讀了該人物的檔案或是報社網站上刊登的過去新聞↓檢查信件確認同事發的「工作」內容後回信↓又回到雅虎首頁看了幾則新聞……。

使用智慧型手機瀏覽的方式，應該是上述這種感覺吧。要將這種行為分類在屬於做什麼事的時間，是不明確的。

## NHK 國民生活時間調查使用的調查表

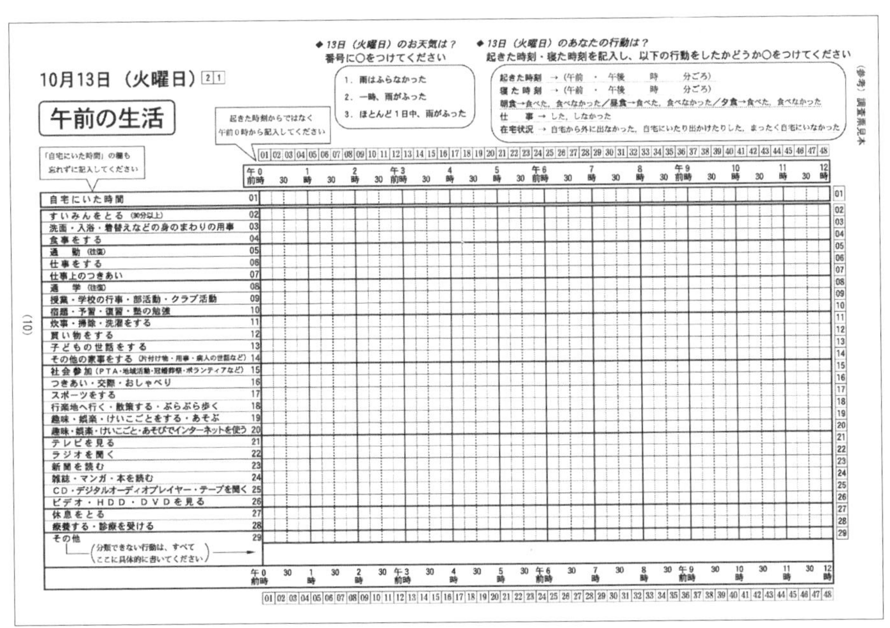

10月13日（火曜日）2 1

午前の生活

◆13日（火曜日）のお天気は？
番号に○をつけてください
1. 雨はふらなかった
2. 一時、雨がふった
3. ほとんど1日中、雨がふった

◆13日（火曜日）のあなたの行動は？
起きた時刻・寝た時刻を記入し、以下の行動をしたかどうか○をつけてください
起きた時刻 →（午前 ・ 午後 時 分ごろ）
寝た時刻 →（午前 ・ 午後 時 分ごろ）
朝食→食べた，食べなかった／昼食→食べた，食べなかった／夕食→食べた，食べなかった
仕事 → した，しなかった
在宅状況 → 自宅から外に出なかった，自宅にいたり出かけたりした，まったく自宅にいなかった

（参考）調査票見本

起きた時刻からではなく午前0時から記入してください

「自宅にいた時間」の欄も忘れずに記入してください

午前0時　30　1時　30　2時　30　午前3時　30　4時　30　5時　30　午前6時　30　7時　30　8時　30　午前9時　30　10時　30　11時　30　12時

01 自宅にいた時間
02 すいみんをとる（30分以上）
03 洗面・入浴・着替えなどの身のまわりの用事
04 食事をする
05 通勤（往復）
06 仕事をする
07 仕事上のつきあい
08 通学（往復）
09 授業・学校の行事・部活動・クラブ活動
10 宿題・予習・復習・塾の勉強
11 炊事・掃除・洗濯をする
12 買い物をする
13 子どもの世話をする
14 その他の家事をする（片付け物・用事・病人の世話など）
15 社会参加（PTA・地域活動・冠婚葬祭・ボランティアなど）
16 つきあい・交際・おしゃべり
17 スポーツをする
18 行楽地へ行く・散策する・ぶらぶら歩く
19 趣味・娯楽・けいこごとをする・あそぶ
20 趣味・娯楽・けいこごと・あそびでインターネットを使う
21 テレビを見る
22 ラジオを聞く
23 新聞を読む
24 雑誌・マンガ・本を読む
25 CD・デジタルオーディオプレイヤー・テープを聞く
26 ビデオ・HDD・DVDを見る
27 休息をとる
28 療養する・診療を受ける
29 その他（分類できない行動は、すべてここに具体的に書いてください）

（10）

出處：NHK「國民生活時間調查」卷末資料

## ※瀏覽雅虎新聞算是上網時間還是看報時間？

首先是「報紙」的範圍。由於有標注「含電子版」，所以不限定於實體報紙的訂閱、閱讀，也沒有將網路新聞排除在外。只不過從電子版這個名稱來看，是不是只會給人《朝日新聞電子版》、《Nikkei 電子版》這種報社自家網站或APP的印象呢？

《Nikkei Digital Marketing》於二〇一五年六月與 MACROMILL 合作，以全國二十至四十九歲的男女三百人為對象，詢問「最常看的新聞網站、APP」，在可複選的情況下，雅虎新聞以壓倒性的百分之八十四奪冠。接下來則是 google 新聞及LINE新聞。大量收集及發布新聞報導的媒體，都是從被稱為新聞入口網站或新聞搜尋APP的「新聞提供社」當中找素材，它們也是我們最常接觸的新聞網站、APP的主軸。

雅虎新聞雖然最近發布了自己獨自製作的長篇主題新聞，但雅虎新聞網站上刊登的新聞，有百分之九十九以上都是由外部的新聞提供社所提供。新聞提供社包含了「數位朝日新聞」、「產經新聞」等全國報社；「時事通信」、「路透社」等新聞通訊社；「琉球新報」、「西日本新聞」等地方報社；「IT Media」、「JCAST NEWS」等網路專業媒體，以及JNN（TBS）、NNN（日本電視台）等主要民間電視台的網路媒體。

雅虎新聞一天內會刊登兩千至三千則上述這些新聞社的新聞，其中最多點閱率的是標題置於網站首頁的「雅虎頭條」。能登上頭條的新聞一天只有七十至九十則，門檻非常狹窄。

那麼雅虎頭條上的新聞來源是哪裡呢？二〇一六年九月二十二日登在雅虎頭條的八十五則新聞中，查詢了原本的新聞來源之後，發現最多的是時事通信相關的十七則，接著是《朝日新聞》、《SPORT NIPPON》、《日刊SPORT》、《產經新聞》、《每日新聞》。而雅虎頭條的「經濟」項目摘錄的是企業、商品、服務等新聞。九

常看的新聞網站、APP（可複數回答）

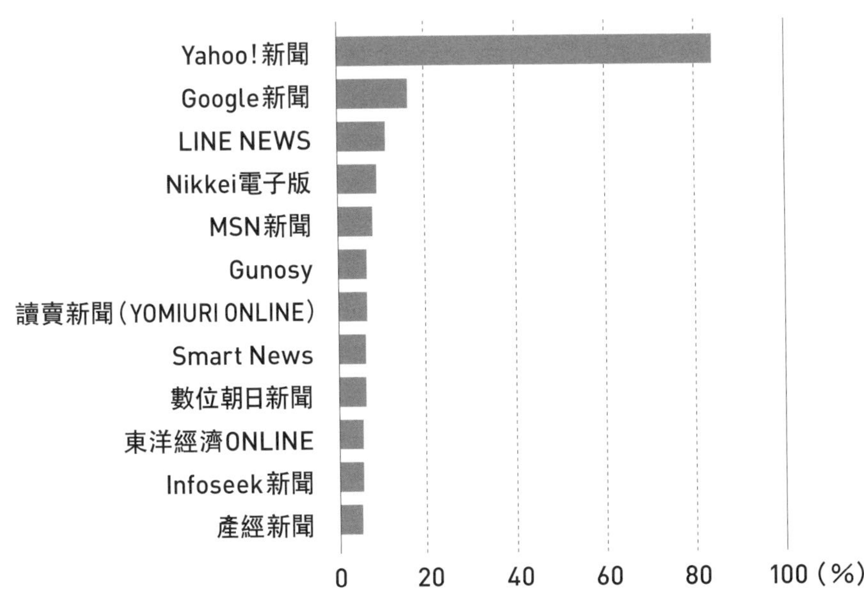


出處：《Nikkei Digital Marketing》2015 年 7 月號
調查協力：MACROMILL

**2016 年 9 月 22 日 Yahoo！頭條刊登的（85 則）原新聞出處**

|  |  |
|---|---|
| 時事通信 | 10 |
| AFP時事 | 7 |
| 數位朝日新聞 | 7 |
| SPORTS NIPPON | 7 |
| 日刊SPORT | 7 |
| 產經新聞 | 6 |
| 每日新聞 | 4 |
| 富士電視台（FNN） | 4 |
| 讀賣新聞 | 3 |
| 產經 SPORT | 3 |
| SPORT報知 | 3 |
| 日本電視台（NNN） | 3 |
| DAILY SPORT | 3 |
| 琉球新報 | 3 |
| Yahoo個人 | 3 |

其他還有朝日電視（ANN）、TBS（JNN）、withnews、Full-Count、神戶新聞 NEXT、河北新報、滿 TAN WEB、Forbes JAPAN、CNN.co.jp、ORICON 等

月十九日至二十三日這五天非假日中，記載的四十九則新聞來源，以《產經新聞》和《時事通信》的八則居首，其次是《每日新聞》，接著是《朝日新聞》、《讀賣新聞》、《東洋經濟 ONLINE》。

通信社中很多的新聞都是由沒有全國取材網的地方報社發布的。因此利用雅虎網站或 APP 瀏覽自己想看的新聞這一行為，絕大多數都是在看新聞社發的新聞。就算是不太去主動點開新聞網站或 APP 的人，只要打開社群內朋友分享的報導，大多都屬於「報紙新聞」。

因此，網路利用者一定絕大多數都會接觸到報紙的新聞，產經新聞的報導也許比起報紙時代有更多的人閱讀也不一定呢。只是在雅虎上看新聞的時間，不太有

**雅虎頭條「經濟」項目刊登的原新聞出處**
2016年9月19~23日刊登（49則）

| | | | |
|---|---|---|---|
| 產經新聞 | 8 | 讀賣新聞 | 3 |
| 時事通信 | 8 | 東洋經濟ONLINE | 3 |
| 每日新聞 | 7 | 路透社 | 2 |
| 朝日新聞 | 3 | TBS（JNN） | 2 |

其他還有富士電視台（FNN）、日本電視台（NNN）、+dot.、河北新報、等神戶新聞 NEXT、NIKKEI STYLE、AUTOSPORT web、Impress Watch、HARBOR BUSINESS Online、帝國 DATA BANK 等。

人會意識到是在「看報紙」。這也算是調查方式的不合時宜吧。

●專欄1

## 嘎哩嘎哩君：十年營業額增加三倍。赤城乳業的炒話題戰術

「雖然撐了二十五年，六十日圓↓七十日圓」。

赤城乳業（埼玉縣深谷市）於二〇一六年四月一至二日播放的六十秒電視廣告，引起廣大的討論。冰棒「嘎哩嘎哩君」從四月起將從六十日圓漲為七十日圓，而公司員工則為此事集體道歉。跟同一年獲得優勝的廣島CARP棒球隊一樣，「隔了二十五年」後終於漲價。

看了廣告後的消費者反應主要都是正面的，像是「有這麼久沒漲價了嗎？」「就算七十日圓也很便宜！」等等。在YouTube上公開的影片瀏覽次數也很快就突破一百萬次。以漲價這樣負面的話題當成「作品」呈現的結果仍然奏效，該公司的企業口號是「一起玩吧」，難怪會有這樣的發想。

「冰棒漲價，所以要跟全日本國民謝罪」——

廣告還往意想不到的方向發展。五月十九日，美國《紐約時報》以一整頁的版面刊登

了這個道歉廣告的其中一個畫面，介紹這廣告象徵了許多日本企業猶豫是否該漲價的現象。雖然不曉得報導是否真的理解該公司特有廣告背後的真正含義，但這支廣告的確是讓人印象深刻。

針對漲價廣告的定位，指導嘎哩嘎哩君的廣告宣傳推手，也是赤城乳業營業本部企劃行銷部萩原史雄部長表示，「二十五年前從五十日圓漲到六十日圓時，曾經叫嘎哩嘎哩君來道歉，但嘎哩嘎哩君並沒有錯，所以這次才想讓全公司同仁一起出來道歉。」帶點幽默感的真誠道歉姿態，打動了消費者的心。漲價後原本預測銷量會少於前年，但四月的銷量卻比

將漲價這種負面內容當成主題，全體員工一起道歉的廣告引起討論

前年多了約百分之八十。

## ◎十年前就意識到網路力量並開始宣傳

引發具話題性的事物讓大家廣為討論，轉成網路新聞登到雅虎新聞上，加上經新聞採訪小組報導後更能提高能見度，或是實際購買後的客人分享給其他人。

這種公車循環路線的方式，嘎哩嘎哩君正在一步一腳印地進行。赤城乳業早在十年前就意識到在宣傳上要利用網路力量來炒熱話題。

二〇〇六年冬天，嘎哩嘎哩君的妹妹「嘎哩子」完全沒有事先預告就在包裝上登場了，甚至還進入熱門關鍵字排行內。2ch還討論起「嘎哩子算是萌系角色嗎」的話題。二〇一二年發售的玉米濃湯口味，甚至還上過七次雅虎頭條，成功擴大了話題性。

讓人感到好奇的是，雖然嘎哩嘎哩君在社群媒體上是知名品牌，但卻沒有建立一個正式的帳號。「很多人提過要辦一個嘎哩嘎哩君的推特帳號，但我們覺得在真實的場合開個話題，好讓推特可以炒作一番的風格更適合嘎哩嘎哩君。」（萩原氏）

跟其他全盛期在遙遠年代的長銷商品相比，一九八一年起開始販賣的嘎哩嘎哩君銷售

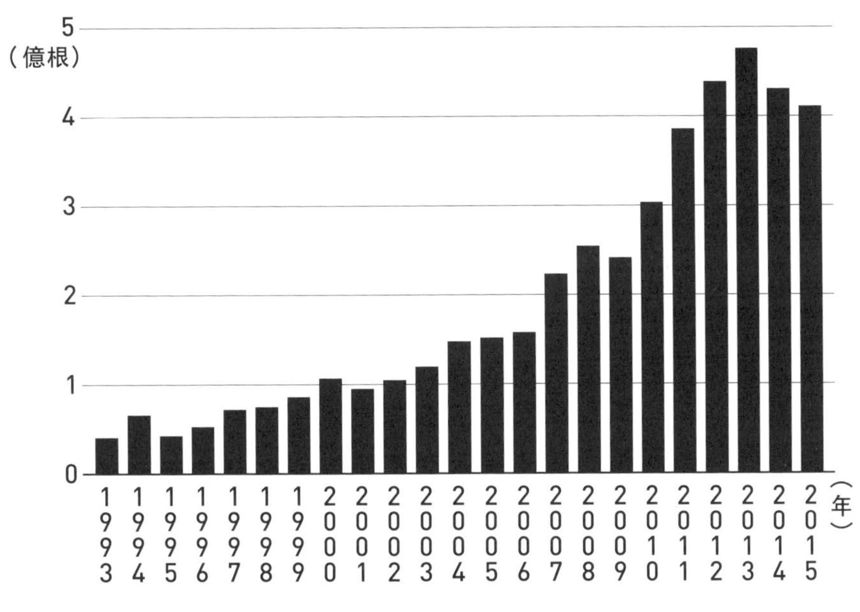


赤城乳業「嘎哩嘎哩君」販賣根數

高峰是在二〇一三年。在開始販售十九年後的二〇〇〇年，年間銷售數量突破一億根，七年後的二〇〇七年達到兩億根、三年後的二〇一〇年三億根、兩年後的二〇一二年突破四億根，隔年二〇一三年創下四億七千五百萬根的記錄。從意識到網路操作模式的二〇〇五至二〇〇六年起，不到十年就以三倍的速度抬高了銷量。

二〇一六年是嘎哩嘎哩君上市販售之後的第三十五年。把原本是負面影響的漲價當作廣告梗，反而逆勢起飛，往目標五億根邁進。

# 第2章

# 停止用印象貼標籤

增設托兒所

## 就算決定要建設托兒所了，仍與當地居民意見相左而停擺「反對」的都是中高齡大叔嗎？

「孩子上不了托兒所，日本去死吧！」二〇一六年二月中旬，投稿到「HATENA匿名日記」網站的一篇文章突然爆紅。日本國內雖然積極推廣女性就業，但對孩子上不了托兒所（譯注：對象是零歲到上小學前幼童）的媽媽們來說，卻是一把無名火，這股憤怒也讓許多有相同境遇的家長身有同感。民進黨的山尾志櫻里議員針對這篇文章的待機兒童問題質詢了安倍首相。而首相回答：「因為是匿名文章，所以它的真實性有待商榷」的這番言論也讓憤怒的數十位家長拿著「我們的孩子上不了托兒所」的牌子，在國會前集結抗議。

另一方面，以東京杉並區為首的增設托兒所計畫，則因為當地居民的反對而困難重重。電視上的談話節目為了聽聽居民的聲音而訪問了大家，「我只想過著安靜的生活」、「媽媽們聚集在一起有夠吵的」等的意見紛紛出籠。說這些話的大概都是中高年的男性。跟在地域住民舉辦的說明會上，陳述反對意見的也一樣都是同年齡層的人。

作為旁觀者而言，這是育兒世代與中高年頑固歐吉桑的對決。但真相的確是如此嗎？

■ 上不了托兒所，日本去死吧！

日本搞什麼啊！
不是說一億總活躍*的社會嗎？
昨天我的孩子沒申請上托兒所。
搞什麼啊，這樣我還能活躍嗎？
生兒育女出社會工作賺錢繳稅，說是這樣說，日本到底有什麼不滿啊？
什麼少子化啊？真是混蛋！
可以生小孩，但幾乎無法跟自己所想的一樣把孩子放在托兒所，這樣沒人敢生小孩啦！
只要給我增加托兒所就好，你們可以去搞外遇、收黑金，隨便你們。
在奧運上白白浪費了上百億圓不是嗎？
LOGO什麼的怎樣都好，給我多蓋些托兒所。
有錢給那些設計師，還不如多蓋托兒所。
搞什麼啊！難道只能離職了嗎？
日本你開什麼玩笑啊！
不多蓋托兒所的話就給我二十萬兒童津貼啊！
又不蓋托兒所又只給我幾千塊兒童津貼，還敢說要處理少子化問題，少說漂亮話了白痴。
國家不讓我們生小孩是在搞什麼。
那麼多人說有錢就能生小孩，那先拿錢出來啊。
讓我們養小孩的錢全部免費。
把那些搞外遇、收賄的抓出來，開除一半國會議員，不就有財源了嗎？
日本你真是夠了。

＊編注：安倍政府的政策之一。指抑止高齡少子化現象，期望日本五十年後的人口數仍維持一億人。

真相是⋯

## 「反對」增設托兒所者，最多的是四十多歲的女性

「有百分之三十五的人認同托兒所內兒童的聲音是『噪音』。」二〇一五年九月，朝日新聞報導了厚生勞動省的委託調查結果，想當然爾引來了軒然大波。這是二〇一五年三月厚勞省針對人口減少社會的意識調查，委託民間調查公司以全國十五到七十九歲的三千人為對象所做的問卷。

問卷中有一道題目是「關於蓋在住宅區的托兒所，有人覺得『小孩的聲音是噪音』，所以遭到附近居民抱怨和反對建設，甚至演變成訴訟官司，你對這種想法有什麼意見？」有「完全不能同意」、「不太同意」、「部分同意」、「非常同意」四個選項可作答。結果選擇「部分同意」或「非常同意」的有百分之三十五點一，也就是說在三千個回答者當中，對不滿建設托兒所的人超過一千人。

這個結果在網路上引起爭論。特別引人注目的是「跟養小孩毫無關連的中高年真是偏執任性」、「團塊世代的老頭會讓日本滅亡」把這一類不理解育兒苦的世代，設想成中高

年男性的罵聲。

那麼罵人罵對了嗎？厚勞省網站提供了詳細的調查結果（下圖）。從性別、年代別來看，對「小孩的聲音是噪音」有同感的不滿派裡，為數最多的是四十至四十九歲的女性，占了百分之四十九點九。另一方面，最能諒解的是六十至七十九歲的男性，他們屬於「完全不能同意」和「不太同意」的支持派，合計占了百分之七十八點二。

問卷是選擇題的形式，所以無法知道填問卷的人心裡想的具體理由是什麼。試著想像

**「針對托兒所內小孩的聲音是噪音，所以反對建設」的意見**

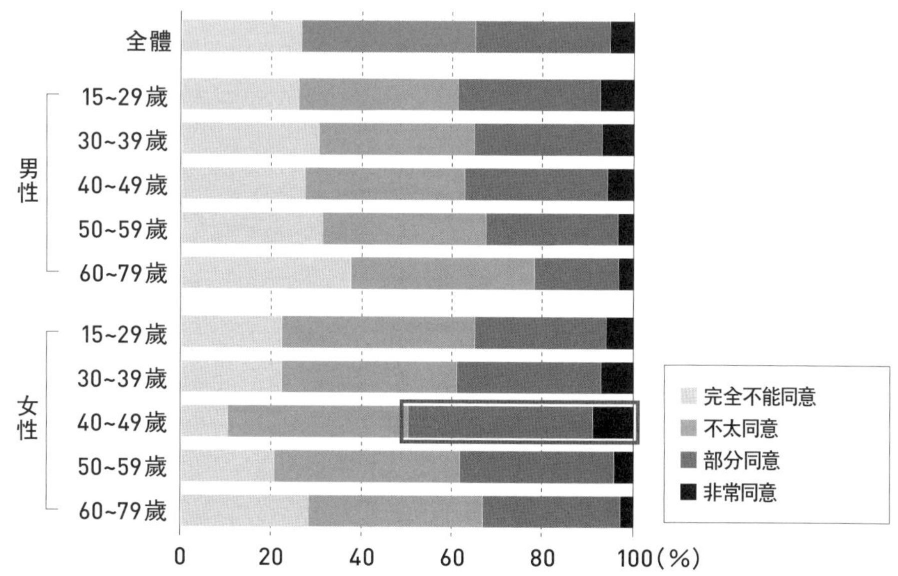


出處：厚生勞動省「人口減少社會相關意識調查」（2015 年 10 月）

在托兒所的開園時間內，女性比男性待在家的時間多，因此更容易聽見住家周遭的聲音，所以才會產生這種負面反應也說不定。另外四十幾歲的女性大多已遠離需要托兒所支援的養兒育女期，一想到當時自己帶小孩時如果附近就有托兒所該有多方便，卻到現在才要蓋，可能心裡就會湧起複雜的情緒吧。比起同世代的男性，她們在這一方面的想像力更容易被激發。

同樣是既定印象與實際結果不同的內容，是車站及電車內讓人困擾的行為排行榜（左表）。日本民營鐵道協會實施的二〇一四年調查中，男性回答「車內擁擠時推著嬰兒車上車」的選項只排第八名（百分之十六點五），但女性卻是第三名（百分之三十點二）。實在讓人想講「女人何苦為難女人」。人是不是很容易對於自身經驗、做法、在意的事物上都會變得嚴格呢。

順帶一提，在翌年二〇一五年的調查中，嬰兒車的選項被刪除了。把帶嬰兒車上車的選項跟「從耳機傳出太大的聲音」、「隨意放置垃圾、空罐等」這類沒公德心的行為並列，的確是很奇怪的一件事。算是做了正確的判斷。

總之，不要任意套上自己的刻板印象去抨擊特定族群的人。

## 2014 年度「車站及電車內讓人困擾的行為排行榜」

男性

|  |  |  |
|---|---|---|
| 第1名 | 講話大聲、身體動來動去等 | 33.1% |
| 第2名 | 在座位上的坐姿 | 32.0% |
| 第3名 | 上下車時的禮儀 | 28.9% |
| 第4名 | 手機的來電鈴聲或通話聲 | 27.9% |
| 第5名 | 從耳機傳出太大的聲音 | 26.0% |
| 第6名 | 拿、放行李的方式 | 21.7% |
| 第7名 | 隨意放置垃圾、空罐等 | 17.4% |
| 第8名 | 車內擁擠時推著嬰兒車上車 | 16.5% |
| 第9名 | 在車上化妝 | 15.8% |
| 第10名 | 坐在電車地板上 | 13.7% |

女性

|  |  |  |
|---|---|---|
| 第1名 | 講話大聲、身體動來動去等 | 33.7% |
| 第2名 | 在座位上的坐姿 | 30.7% |
| 第3名 | 車內擁擠時推著嬰兒車上車 | 30.2% |
| 第4名 | 上下車時的禮儀 | 24.6% |
| 第5名 | 拿、放行李的方式 | 24.2% |
| 第6名 | 喝醉 | 21.2% |
| 第7名 | 從耳機傳出太大的聲音 | 19.3% |
| 第8名 | 在車上化妝 | 18.8% |
| 第9名 | 隨意放置垃圾、空罐等 | 15.3% |
| 第10名 | 在擁擠的車內飲食 | 15.2% |

出處：日本民營鐵道協會

傷害事件

## 談話節目每天都報導殘酷虐待事件「暴走年輕人」是教育害的？還是社會害的？

內閣府二〇一五年九月公布了「少年犯罪相關民意調查」的結果。對於「與五年前相比，以您的實際感覺，認為青少年犯下的重大案件是增加或是減少呢？」回答合計「增加相當多」及「一定程度上有所增加」，覺得「增加」的人有百分之七十八點六。與前回的二〇一〇年調查相比，增加了百分之三。

回答「一定程度上有所增加」從百分之三十七點八略降為百分之三十六點三，而回答「增加相當多」的人從百分之三十七點八提高到百分之四十二點三，增加了將近百分之五。從性別來看，在回答增加的人裡，女性比男性多、四十歲以上的人比二、三十歲的人多。

而針對「關於青少年犯罪，您覺得是什麼樣的社會環境才造成問題」來複選作答，回答「手機或網路的普及，讓青少年可以輕易接觸到暴力、性及自殺等有害資訊」的人，從上次的百分之四十七點三暴增二十二點，變成百分之六十九點八，回答「由於手機及網路等普及，青少年的交友關係或行動愈來愈難掌握了」同樣也從百分之三十八點九增加了將近十二點，變成百分之五十點八。

似乎很多人認為手機是犯罪的溫床。那麼，實際上少年犯罪真的增加了嗎？抑制手機的使用或服務能開啟新的道路嗎？

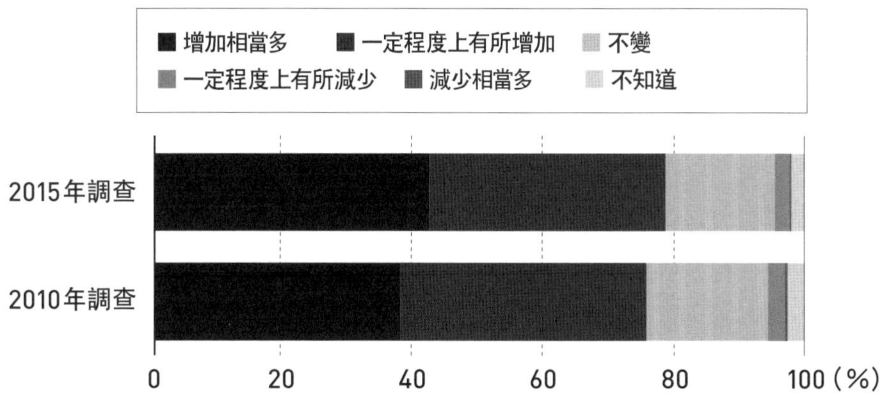


出處：內閣府「少年犯罪相關民意調查」

真相是……

## 年輕人「犯罪減少」，暴走的是老人

據警察廳的彙整，二〇一五年被舉發的刑法犯少年數量是三萬八九二一人，比前年少了九千四百四十人（百分之十九點五）。從二〇〇三年的十四萬四四〇四人開始連續十二年減少，在這十二年內驟降到三分之一以下。

過去最多人的紀錄是在一九八三年的十九萬六七八三人。二〇〇三年以前，則是以一九五四年的八萬五五〇四人最少。而二〇一一年再度跌破一九五四年的數字，創下戰後最少人的記錄，之後每年都持續更新紀錄（二〇一六年九月執筆為止）。

雖然十年多來減少了三分之一，但應該沒有人會覺得「犯下刑事罪的少年減少，是因為少子化，所以數字才會減少」，那姑且來舉些例子吧。從對象的十四至十九歲每一千人的人口比來看，相對於近期的高峰二〇〇三年的十七點五人，二〇一五年僅有五點五人，這當然是最低的記錄。而最暴力的年代是連續三年約十八人的一九八一至一九八三年，那是校園暴力的世代。

但也有不少人會說「全體犯罪件數可能是減少了，但犯下殘暴罪行的人一定增加了」，然而犯下殺人、強盜、放火等凶殘罪行的少年舉發數，從二〇〇三年的二一二人開始持續減少。二〇〇八年跌破一千人，二〇一五年為五八六人。是十二年前的四分之一。

竊盜案也一樣。一九九四年機車竊盜案有兩萬一千人以上的少年被舉發，但二〇一五年只有二五六三人。

從博報堂年輕人研究所主管原田曜平的著作《無夢想世

刑事案件少年的舉發人數與人口比（每千人）

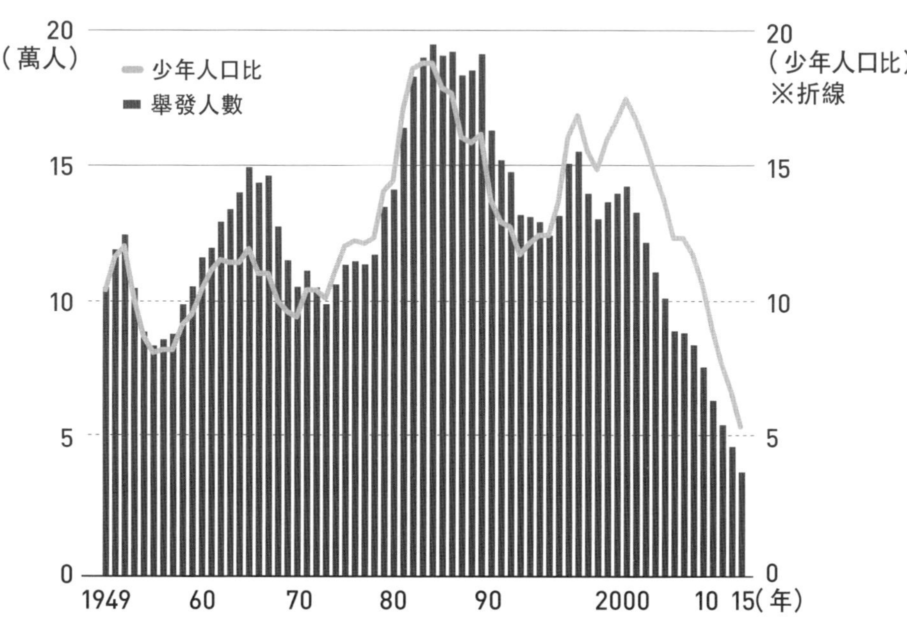


出處：警察廳生活安全局少年課「少年輔導及保護概況」

從加害人年齡別來看對鐵道員的暴力行為（2015 年）

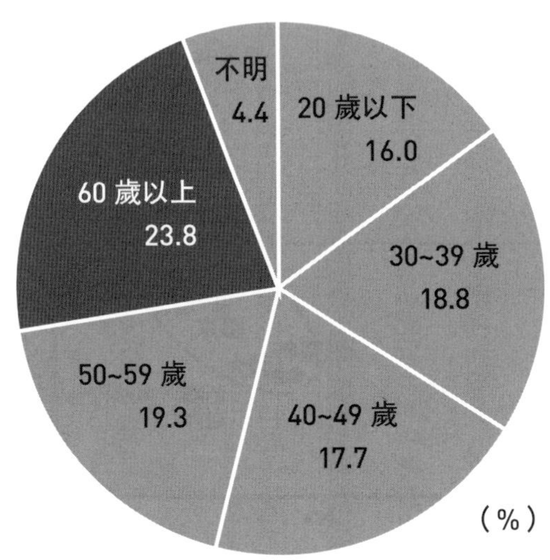


出處：「對鐵路員施加暴力行為的件數、發生狀況」

代無法騎著偷來的機車遠去的年輕人們》的書名還真的說中了現狀。

由此可見年輕人別說是暴走了，根本可以說是對犯罪冷感。二〇一六年上半年的少年舉發數也比前期大幅減少百分之二十，現在是二戰之後少年犯罪最少的時代。

因此剛剛的調查有近八成的人認為（少年造成的重大案件）增加，在統計上會造成錯誤。當然不管犯罪再怎麼減少，只要身為事件的被害者就無法置身事外，而且只要以萬為單位發生的話，就無法讓人安心，這都是確實的。但在犯罪人口持續減少的現在，需要將少年法嚴格化嗎？當犯罪發生時，為了防止再次發生而提出的「心靈教育」這麼不奏效嗎？這些問題都可以作為我們省思的材料。

## ※「暴走老人」對策是當務之急

有問題的與其說是年輕人，不如說是老年人。被舉發的人裡，六十五歲以上的高齡者比例持續增加。當然部分原因也是因為六十五歲以上的人占人口比例較高之故。但光從人口比來看，十四到六十四歲的每十萬人被舉發人數，從二〇〇五年的四〇三人降到二〇一五年的二四三人，減少約四成，但六十五歲以上則是從一六四人變成一四四人，僅減少了約百分之十二。

具代表性的例子是對鐵路員的暴力行為。日本民營鐵道協會與ＪＲ各公司、都營及市營交通等單位聯合統整的二〇一五年「對鐵路員施加暴力行為的件數、發生狀況」中指出，加害人年齡在六十歲以上的占百分之二十三點八。不管分母數有多少，對於不用每天搭電車通勤的世代來說未免也太多了吧。是否要更注意暴走老人的現象呢？

網路右派

## 書店擺著反中韓的書籍、激烈的網路留言年輕人「右傾化」了嗎？

二〇一六年八月，NHK的「NEWS7」中以「貧窮的女高中生」為主題的報導，在部分網路上引起騷動。節目中的女高中生由於家裡是低收入戶，所以不得不中斷學業，家裡也沒有電腦和冷氣。客觀上來說是屬於「中下階層」或是過著比這階層更清寒的生活。

但是有一部分的人卻無法理解，猛批「明明就有動漫周邊產品」、「鏡頭照到遊戲機了」、「沒錢但中餐還吃得這麼好」，炮轟「真浪費」、「是造假的吧」。這些留言在節目播出後好一陣子仍然陸續出現，網路上籠罩著暴戾的氣氛。

這些留言的網友，還有不少人使用「日之丸」作為自己的圖像。他們被稱為「網路右翼」（網路右派），特徵是非常保守，發言有時會十分激烈及帶有歧視心理。他們對富士電視台過度美化韓國無法認同，因而跑到電視台前抗議；當發生了有人不當領取生活保護費時，這些網路右翼會大罵領取的人，從以前開始，這群人過度激烈的主張及行動就一直是話題來源。

二〇一四年東京都知事選舉由舛添要一勝選。網路右翼主推的原航空幕僚長田母神俊雄，實際得票數超過六十一萬票。第二名的宇都宮健兒為九十八萬票，第三名的細川護熙將近九十六萬票。田母神俊雄的票數是無法視為泡沫化的。是否真如老年人擔心的，年輕人陸續轉向右翼化了呢？

2014 年東京都知事選舉

| | 候選人 | 黨派 | 得票數 | 得票率 |
|---|---|---|---|---|
| 當選 | 舛添要一 | 無黨籍 | 211萬2979 | 43.40% |
| | 宇都宮健兒 | 無黨籍 | 98萬2595 | 20.18% |
| | 細川護熙 | 無黨籍 | 95萬6063 | 19.64% |
| | 田母神俊雄 | 無黨籍 | 61萬0865 | 12.55% |

真相是⋯⋯

## 右傾化的是經理層級，贊成修憲的人數也激減

年輕人右傾化這一點，從若干觀點上來看是否定的。確實網路上有一部分發言是右翼的、歧視的，這些人中的確也有年輕人，但中心人物是更「上方」的階層。

國際大學國際交流中心的講師山口真一，用統計分析來解說網路暴民的真相。他從約兩萬人規模的問卷中抽出約兩千位「發表激烈言論者」，揭開了他們的真面目。（二〇一六年六月「從網路暴動看網路民調的真實與未來」演講）。其中提到，發表激烈言論者的平均年收入是六百七十萬日圓，比一般言論網友的五百九十萬日圓高。從職別上來看，發表一般言論的網友中，總經理職占了百分之三，但發表激烈言論的網友中，總經理職有百分之六以上。由結果看來，在網路上發表激烈言論者多是管理職，尤其是總經理。

另一個由二〇〇八年七月的網路視聽調查公司尼爾森（當時名稱仍為NETRATINGS）發表的２ｃｈ使用者年齡層別中顯示，三十多歲的使用者是百分之二十八、四十幾歲是百分之二十九。２ｃｈ這個塑造出網路右翼的巨大論壇，在二〇〇八年當時已經是中生代了。

跟發表激烈言論者是總經理、經理最多的調查結果是相符的。

先不論過激的網路發言或行為，年輕人在思想上的保守性是如何的呢？野村總合研究所於二〇〇〇年之後每三年實施一次的「大眾一萬人問卷調查」中，有一題問到「對日本和日本國民感到驕傲嗎？」比較二〇〇〇年與二〇一五年，回答「感到驕傲」的十幾歲男性，從百分之四十四點四急增至百分之七十五點八。只不

**認為憲法需修正的變化**

| 年 | 有必要 | 沒必要 |
|---|---|---|
| 2016 | 27% | 31% |
| 2015 | 28% | 25% |
| 2014 | 28% | 26% |
| 2013 | 42% | 16% |
| 2007 | 47% | 20% |
| 2006 | 42% | 19% |
| 2002 | 58% | 23% |
| 1993 | 38% | 34% |
| 1992 | 35% | 42% |

出處：NHK 民意調查

**「對日本和日本國民感到驕傲」的人比例（男性）**

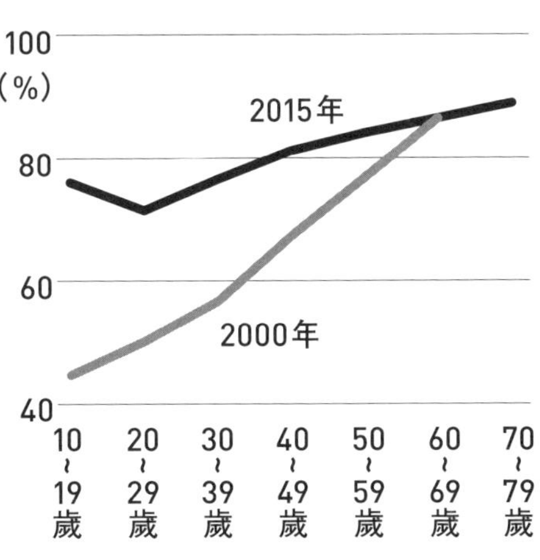


出處：野村總合研究所「生活者一萬人問卷調查」

過如前頁圖所示，包含其他世代，全體都上升了，這個結果在意義上象徵著保守化是全體的傾向。另外女性的數據也幾乎相同。

## ※「贊成」修憲的人是過去二十年以來最低

另外也有與此呈現相反傾向的資料。ＮＨＫ民調中詢問憲法是否有需要修改，二〇一六年回答「需要」者是過去二十五年以來最低的數字，雖然這數值並非世代別，而是全體的數字。一九九〇年中期，在修憲問題上，修憲派呈現大幅領先，但現今欲修憲的安倍政權成了現實的問題後，支持修憲的人卻變少了。雖然多數人心態上偏向保守，但可行使集體自衛權的安全保障關連法成立後，傾向沒有更多變化的族群增加，呈現一種平衡的氛圍。至少大致上保守派不會再繼續激昂高漲了。

厭惡韓國、中國的書雖然在網路上獲得一片好評，但這也只是一部分的聲音。剛剛提過的都知事選舉中，原右翼團體代表的櫻井誠，在網路的討論熱度超過自民黨公認的增田寬野，但得票數相較於增田的一百八十萬票左右，櫻井氏只有十一萬票。這說明了網路的討論度其實比實際情況容易增加。

**暢銷書籍的傾向**

| 1990年代 | 近年 |
|---|---|
| 虛弱男人與柔軟女人的日本 | 曾住過的德國 8 勝 2 敗日本勝利 |
| 大人國英國與小孩國日本 | 曾住過的歐洲 9 勝 1 敗日本勝利 |
| 悠閒國度英國與一夕致富國家日本 | 住在日本的英國人不回英國的真正理由 |
| 不像話的母親跟可悲男人之國日本 | 從英國來看日本是離桃花源最近的國家 |
| 不可靠的日本人<br>忘記教養的父親與一味寵溺的母親 | 住到英國後才確信！日本比英國進步 50 年 |
| 為什麼日本人無法成熟？ | 想變成日本人的歐洲人 |
| 老好人的日本人<br>堅韌的德國人 | 只有外國人知道的美麗日本<br>身為瑞典人的我所愛的人、街道與自然 |
| 讓人著急的國家·日本<br>為什麼我們被冷笑，而德國卻被信任 | 討厭日本的美國人<br>7 天就愛上日本的理由 |
| 鬱悶的雙親和令人生氣的年輕人國度·日本 | 外國人深愛的絕美日本 |
| 被寵壞的孩子們<br>日本人和德國人的生活方式 | 英國、日本、法國、美國，我全住過。結論：日本是最適宜居住的國家 |

其中有一點值得注意的是最近暢銷書的趨勢。跟反中韓的書不同的是，相繼出現這一類的書不太能窺見什麼歧視意識，而是跟歐洲各國相比較的「日本是個好國家」這種盛讚日本的書籍。

一九九〇年代的暢銷書則是與現今完全相反的自虐主題書，現在的潮流會是對它的反動嗎？別相信這種過度天真樂觀的日本禮讚，讓我們繼續關注今後的發展吧。

●專欄2

## 石田三成：滋賀縣發布的影片已有一百萬人瀏覽，年輕女性紛紛來訪

二〇一六年星期天晚上，NHK大河劇主角「真田（丸）」的名字頻頻登上推特的熱門關鍵字。同年三月，與真田丸相比毫不遜色的人則是「石田三成」。

「一提到武將就是三成～」「一五六〇年在滋賀縣誕生～」——。

三月五日滋賀縣在YouTube上發布這支石田三成的宣傳影片，看起來像是昭和時代地方電視台拍出來的風格。影片裡「擔心會不會被部下背叛」而煩惱的主婦，向她們推薦「選部下就選三成～」，豐臣秀吉掛保證的「忠義心No.1」場面，則加入「※這是故人的感想」讓大家發笑。由於廣受好評，觀看次數在三月三十一號突破一百萬次。作為自治體的宣傳影片來說是非常罕見的大熱門。

這個影片是滋賀縣在「石田三成發聲企劃」中所製作的成果。大河劇《真田丸》中，近江國出身的三成在登場之後廣為人知，滋賀縣政府因此想利用這個契機，讓滋賀縣的認

知度和好感度上升。

為什麼在這個時機選擇三成呢？到三月底為止領導這個企劃的滋賀縣公關課副課長片山昇如此表示：

「近十年來，『戰國無雙』系列以戰國時代為背景的動作遊戲十分受歡迎，而『歷女』（譯注：喜歡歷史的女性）也特別討論，所以大家對武將的注目度也變高了。以前大家對三成的印象是在關之原被德川打敗的戰敗將領，因此印象不佳，但是在遊戲裡則被描繪成帥氣的角色，所以年輕粉絲不斷增加。由於這樣的變化，二〇一四年春天，由彥根、米原和長濱三城市聯合促成的『三成會議』，以三成地緣景點策劃了三成計程車或旅

陸續有追蹤者出現的石田三成宣傳動畫

遊規劃、餐點。而滋賀縣也想帶起三成熱潮，以宣傳滋賀的魅力和增加觀光客人口。」

## ※不畏酸言酸語，果斷推出網路上能打動人心的影片，一鳴驚人

這段過於「輕鬆悠閒」的影片，當時不用說官方、自治體，就算一般企業也可能會喊停。影片的幕後推手是電通關西支社的藤井亮。為什麼會想出打破自治體固有框架來製作這支宣傳影片呢？片山指出：「開會時我希望『做一個在網路上可以打動人心的作品』，而它就是心血的成果。」

雖然擔心會不會有人炮轟「別把三成公當傻子」，然而自治體義無反顧做出的成果大受歡迎。本來還準備了 YouTube 廣告跟相關報導，結果 BuzzFeed 等網路新聞媒體介紹之後，影片的播放次數大增，不用廣告宣傳就達到了破百萬點擊數的結果。

影片成效也很快浮現。三月二十六日於滋賀縣舉辦的座談會「三成ＦＡＣＥ」，原本預測會有五百位參加者報名，最後卻超過八百人。片山說：「滋賀縣外的報名者，以（原本對這一類座談會不表關心的）二三十多歲女性為主。」

三月二十七日公布了宣傳影片第二波的六支短篇廣告。像是「有人對要繳愈來愈多年

貢而煩惱嗎？」的廣告，拍的像是提供諮詢意見的廣告（對象是需要支付過多利息的消費者）、看來像是販賣會計軟體的廣告、「湖景山色佐和山城（跡）」觀光廣告等，比起第一支廣告毫不遜色，瀏覽者源源不絕。

第一支YouTube影片上的「喜歡」超過四千個，而「不喜歡」不到一百三十個，實際好評占了約百分之九十七。用輕鬆的方式將重仁義的三成魅力傳達給不知道的人，是讓點擊次數成長且不引人反感的致勝原因吧。

這股氣勢，也讓三個城市在五月舉辦的「MEET三成展」來場人數增加。「最終目標是讓三成成為大河劇的主角。」片山興致勃勃地說道。

此外，這些廣告於國內最大的廣告獎——全日本CM放送聯盟舉辦的第五十六屆「ACC CM Festival」中，在電影部門（電視廣告）奪下僅次於最優秀獎的金獎，以及線上部門的銀獎，可說是雙喜臨門。

# 第3章

# 不與過去比較就下結論是愚蠢的

國內旅遊

## 樂購仕（LAOX）免稅店利潤暴跌九成，新店半年收攤 赴日觀光客的商戰因「爆買」結束而崩壞了嗎？

國內旅遊（訪日觀光客）的消費似乎要泡沫化了。官方統計指出，二〇一六年四到六月的赴日外國人每一個人的旅行支出是十五萬九九三〇日圓，比前年同期少了百分之九點九。從國家跟地區別來看，維持高水準的國家是越南的二十三萬八千日圓（與前年同期比增加百分之十三點七）、澳洲的二十萬四千日圓（與前年同期比減少百分之四點五）；但前年貢獻了二十八萬五千日圓的中國則遽減了百分之二十二點九，變成二十二萬日圓，這樣的失速引起討論。由於赴日的外國人中每四人就有超過一位是中國人，影響甚劇。而日圓匯率比前年來得高也是原因之一。

受到這波影響的是樂購仕（LAOX）免稅店。它原本是秋葉原最有名的家電量販店，卻陷入經營危機，二〇〇九年被中國的家電零售商併購後，樂購仕搖身一變轉型成販售名牌及化妝品的免稅店，並因為「爆買」使得營收呈現漂亮的V字回升。

但是樂購仕二〇一六年一至六月的總營業額與前年同期比，減少了百分之二十二點四，利潤也少了百分之九十點九，樂購仕陷入嚴峻的苦戰。中國人買的東西從手錶等奢侈品轉成化妝品或藥妝等低價品，因此許多開業不久的店都紛紛結束營業，國內旅遊的熱潮終於要結束了嗎？

平成 28 年 1 月 18 日
樂購仕（LAOX）株式會社

「樂購仕（LAOX）札幌 PARCO 店」新店設立通知

樂購仕（LAOX）株式會社（總社：東京都港區／代表取締役社長：羅怡文／證券號碼：8202，以下稱「本公司」）將於平成 28 年 2 月 3 日設立「LAOX 札幌 PARCO 店」，特此通知。本分店為北海道區第六家分店。

**札幌 PARCO 店結束營業通知**

2016.07.31

感謝您平日對 LAOX 的愛護。
7 月 31 日起 LAOX 札幌 PARCO 店將結束營業。
感謝您一直以來的光顧。
今後也期待您繼續支持 LAOX 各分店。

真相是……

## 赴日人數仍在增加中，購物清單上的其他品項更重要

聽到國內旅遊人數失速下降，可能會誤認為外國觀光客的赴日意願大幅衰退。但實際上二〇一六年四至六月赴日旅遊的外國人有五百九十六萬人，與前年同期比增加了百分之十九，是有史以來的最高記錄。中國觀光客從二〇一三年到二〇一五年是呈倍數成長的，雖然之後氣勢沒有這麼強，但二〇一六年七月也增加了百分之二十六點八，突破七十三萬人。每人的購物金額雖然減少，但由於人數增加，所以四至六月的中國觀光客消費額與前年同期相比，僅僅減少「百分之一點五」。加上其他各國的觀光客增加，因此全體消費額增加百分之七點

※ 成長率（%）為與前年同月份相比

| 4月 | 成長率 | 5月 | 成長率 | 6月 | 成長率 |
|---|---|---|---|---|---|
| 2,081,697 | 18.0 | 1,893,574 | 15.3 | 1,985,722 | 23.9 |
| 1,734,776 | 18.5 | 1,588,217 | 14.7 | 1,694,539 | 24.3 |
| 353,660 | 16.1 | 302,088 | -4.2 | 347,365 | 38.1 |
| 514,867 | 26.9 | 507,094 | 31.0 | 582,453 | 26.0 |
| 384,164 | 14.6 | 375,476 | 10.5 | 397,840 | 15.2 |
| 127,246 | 6.4 | 140,045 | 16.1 | 163,103 | 19.0 |

二，可以說市場還有成長空間。

「退熱貼」、「肩頸痠痛藥劑」、「撒隆巴斯」、「黑斑治療藥」……這些中國大型網路媒體以「日本必買十二『神藥』」為題報導的產品，現在已成為中國觀光客必買的藥品。從中國人的眼光來看，日本藥比在中國當地購買便宜，也沒有仿冒品的疑慮，品質又好，所以每次赴日時他們買藥的意願都非常高。再加上十二神藥這種吸引人的標題，就算原本在自己國家也買得到，但加上社群網路的分享擴散，都會增加他們原本的購物清單的物品。

不過，若想跟已經來日本的觀光客用網路宣傳的話就已經有點遲了。在日本當地製造話題引起他們的興趣，增加購物清單才是更重要的。

接下來介紹一間販售寶石飾品的中型企業「貞松」（SADAMATSU）所做的行銷策略。貞松在中國當地未設店鋪，知名度低，但在可稱為中國版

**2016 年上半期赴日人數（人）**

| | 1月 | 成長率 | 2月 | 成長率 | 3月 | 成長率 |
|---|---|---|---|---|---|---|
| 總數 | 1,851,895 | 52.0 | 1,891,375 | 36.4 | 2,009,549 | 31.7 |
| 亞洲總計 | 1,609,529 | 58.1 | 1,675,599 | 39.6 | 1,658,040 | 33.4 |
| 韓國 | 514,889 | 43.8 | 490,845 | 52.6 | 374,057 | 39.5 |
| 中國 | 475,116 | 110.0 | 498,903 | 38.9 | 498,054 | 47.3 |
| 台灣 | 320,963 | 47.9 | 348,971 | 25.7 | 328,400 | 18.2 |
| 香港 | 125,012 | 42.5 | 151,836 | 38.8 | 160,954 | 37.3 |

出處：日本政府觀光局（JNTO）

推特的新浪微博上幫主力商品「星和緣」創建了帳號。二〇一五年三月找了在中國當紅的日本男星古川雄輝作為代言人。他在微博上有超過一百五十萬名粉絲。古川戴著項鍊的照片超過上萬件分享，大家紛紛詢問「這是哪一家的商品」、「我也想買」，造成廣大效應。許多人去日本時會到貞松的店鋪與擺在店家前的古川廣告

上）唐吉訶德的「觀迎預約網站」
右）PARCO在外國觀光客回國後仍能以網路購物

看板合照，並發表到社群網站上。貞松就是藉由這種效應提升品牌的知名度。

「驚安殿堂」唐吉訶德率先掌握大眾的購物傾向來供應商品，業績也持續穩定上揚中。藉由觀光客在出國前可以先上唐吉訶德的網站預訂想購買的商品，並在指定的店鋪取貨。藉由事前預約，讓時間有限的觀光客既可以節省購物時間，也不會有「想買的東西都賣光了」的失望心情。營造愉快的購物經驗也可以提升口碑。

PARCO在二〇一四年五月設立了購物網站「KAERU PARCO」，各店的店員在部落格上發表的商品，都可透過此網站保留或購買。隔年春天開始在全店實行，網站也可處理海外的訂單。

觀光客回國後若還想購物，代理業者便從PARCO購入商品，PARCO將商品送到業者的倉庫後，業者再以EMS（日本郵局的國際快捷）寄送商品給顧客。就算自家的購物網站沒有支援多國語言或是海外寄送的體制不成熟，仍然可以將海外的消費者視為顧客對象。在國內旅遊景氣達到飽和之後，能下工夫鑽研的企業似乎才可占上風。

味覺調查

## 有三成孩童無法正確分辨味覺？孩子的味覺「異常」是真的嗎？

「孩子的味覺異常了」。二〇一四年十月NHK「NEWS WATCH 9」播報了這則新聞。研究團隊在調查了孩童的味覺之後，發現三成的孩子無法正常分辨味覺。以下以條列式統整出詳細內容：

・東京醫科齒科大學研究團隊於二〇一三年實施了孩童的味覺調查。
・對象是埼玉縣內的小學一年級到國中三年級的學生約三百五十人。
・測試學童是否分辨得出「甜味」、「苦味」、「酸味」、「鹹味」。
・結果分辨不出「酸味」的孩童占全體的百分之二十一。
・分辨不出「鹹味」的為為百分之十四。而分辨不出「甜味」及「苦味」的孩子有百分之六。
・所有味覺都分辨不出的孩子有一〇七人，占全體的百分之三十一。

・這是首次明瞭孩童的味覺實態調查。
・感知味覺的器官是位於舌頭的「味蕾」，在十歲左右完全發達。
・明明是最容易感受味覺的年齡層，但分辨能力卻低落。
・無法辨識味覺的孩子有以下共通點。
・經常食用加工食品等重口味食品或是添加人工甘味劑的飲料。

新聞接著針對無法分辨這三種味覺的男童貼身採訪他們的飲食生活，由於他們非常喜愛重口味又油膩的食物，父母表示：「小孩很習慣吃這種食物，所以常會做重口味的菜色給孩子吃」。接著被診斷出有肥胖問題和常去醫院看生活習慣病（編注：因為隨著時代的演變，生活習慣改變而產生的疾病，像是心臟病、腦血管疾病、糖尿病等都是生活習慣病）的男童登場了。他很喜歡重鹹的食物而且不吃青菜，專科醫師因此解說道：「由於重口味食物容易入口，所以也容易引起肥胖。」

新聞最後以記者的評論做出結尾：「有關孩童的味覺調查才剛開始不久，為什麼他們分辨不出味道了呢？追究原因的研究仍在進行中。」

各位覺得這個報導如何呢？

真相是……

# 明明是首次調查為何是「異常」？

「食育」本來不是專門為孩童打造的詞，但小時候的飲食習慣對未來有長遠影響，所以為了健康的成長，孩童階段需要擁有健全的飲食生活。

然而該調查對象的中小學生到底能感受到多少程度的「味覺」呢？由於這項調查是第一次，因此就算調查表示「有三成的孩子無法正常分辨味覺」，但是這個數字到底算多還是算少呢？算是有變化或是沒變化（甚或是減少）呢？沒有比較基準的話，是很難下結論的。若想表示結果的變動，應該要跟過去的數值比較，像是「以前只有約百分之十的兒童味覺異常，但這次卻超過百分之三十」。

另外，在報導中作為案例登場的第一個孩童，因為是在調查中分不出三種味覺的小朋友，所以貼近他的飲食生活採訪是有意義的。但是第二個登場的小朋友並沒有接受味覺測試。這個案例單純只是愛吃重口味食物導致肥胖，報導中並未說明他有味覺異常。喜歡重口味的肥胖成人非常多，此外日本東北地區愛好重口味，而西日本則偏清淡，調查應該要

小學生（11歲）

有肥胖傾向的兒童變化

| | 男 | 女 |
|---|---|---|
| 2006年 | 11.8 | 10.0 |
| 2011年 | 9.5 | 8.1 |
| 2014年 | 10.3 | 8.6 |

（%）

出處：文部科學省「學校保健統計調查」

像這樣針對居住地的肥胖比例或味覺異常比例做研究才有意義吧。

若是肥胖跟味覺異常有關，那麼在調查中如果兒童肥胖的數據增加，味覺異常的比例也有可能增加。但是依據文部科學省「學校保健統計調查」來看，過去十年來一直是持平的狀態，因此這個報導的主題並不妥。

實施這項調查的大學研究團隊因為是首次調查，所以十分積極，NHK甚至派出採訪團隊持續追蹤孩童的飲食生活。雖然雙方都沒有想要誤導大眾的意思，但卻傳達了「味覺異常的孩子增加了」這樣毫無根據的訊息給觀眾。

沒有比較對象卻提及增減等變化的新聞，我們都要謹慎閱讀為妙。

職業棒球

# 地上波很久沒轉播巨人賽事了 日本職棒已成為「昭和遺產」、「過氣運動」了嗎？

「你是我們的4號王牌（ACE），加油！我很看好你的！」

「還有一星期才月底，搞不好可以來個逆轉全壘打呢！」

「哎呀，你竟然解決了那個無人出局滿壘的危機啊！」

「幹得好啊！打出漂亮的好球。今晚我請客吧！」

「那傢伙做事很專心，讓他跟我一同併肩作戰吧！」

「那個企劃像變化球一樣太成功了吧！」

「我想以六局五安打三失分做為安全的目標。」

一九九〇年代日本全國各地的職場很愛用以上的對話交談，但現在如果把工作狀況用棒球來比喻的話，恐怕會被女性員工及年輕社員白眼吧。

職棒的地上波實況轉播大幅減少，這已經是普遍現象。看到歷年來職棒轉播的高收視率排行榜，總有恍如隔世之感。就算提到二〇一六年廣島CARP時隔二十五年的優勝盛況，但能夠流利地說出廣島主力選手名字的人應該很少吧。現今已經不再是屬於棒球大叔的時代了嗎？職業棒球已經成為昭和的遺產、過氣的運動了嗎？

### 中央聯盟公開賽 高收視率排行榜

| | | 平均收視<br>世帶收視率 | 播出日 |
|---|---|---|---|
| 1 | 中日×巨人 | 48.8% | 1994年10月8日 |
| 2 | 中日×巨人 | 40.5% | 1982年9月30日 |
| 3 | 巨人×阪神 | 39.9% | 1979年6月2日 |
| 4 | 阪神×巨人 | 38.6% | 1982年4月27日 |
| 5 | 巨人×廣島 | 37.5% | 1983年6月5日 |
| 6 | 養樂多×巨人 | 37.3% | 1982年5月5日 |
| 7 | 中日×巨人 | 37.1% | 1996年10月6日 |
| 8 | 大洋×巨人 | 36.7% | 1984年5月21日 |
| 9 | 大洋×中日 | 36.5% | 1982年10月18日 |
| 10 | 廣島×巨人 | 36.0% | 1981年6月1日 |

出處：VIDEO RESEARCH（資料為 1977 年 9 月 26 日起）
http://www.videor.co.jp/data/ratedata/junre/07baseball.htm

真相是⋯⋯

## 二〇一五至二〇一六年的觀眾，不論中央或太平洋聯盟都接近過去最高值

現在（二〇一六年）日本職棒的人氣與過去的最高水準相當接近。各位聽了有沒有嚇一跳呢？

從二〇一六年十月二日的棒球聯盟別入場人數來看，中央聯盟是一千三百八十四萬九千人，每一場賽事平均有三萬二二八二人觀看。太平洋聯盟一千一百一十萬人，每一場賽事平均有兩萬六千人觀看。人數與二〇一五年相比是增加的。在二〇一二年之後，無論是中央或太平洋聯盟的觀眾，都已連續四年增加。

中央聯盟每場賽事的平均觀眾高峰落在一九九二至九四年，約三萬三千至三萬五千人。二〇〇四年雖然跌破三萬人，但二〇一二年開始漸有起色，二〇一五年回到了三萬人左右。二〇一六年回到了九〇年代後半的水準。另一方面，由太平洋聯盟的資料來看，二〇一六年每一場賽事平均有兩萬六千人觀看，幾乎逼近過去最高的二〇〇四年的兩萬六千八百人

記錄，達到歷年來觀賽人數的第二高峰。

一九八〇年代在大家的印象中可能是職棒的黃金年代，那時每天電視都有職棒直播，收視率超過百分之二十也是理所當然的。但就算是處於泡沫經濟最高峰、東京巨蛋落成的一九八八年，中央聯盟的每場觀眾平均也只有三萬一千三百八十二人，還低於二〇一六年的記錄。

之後就算名古屋巨蛋落成，可容納人數增加了，但中日龍於八八年優勝後，二〇一六年卻墊底，所以不構成增加

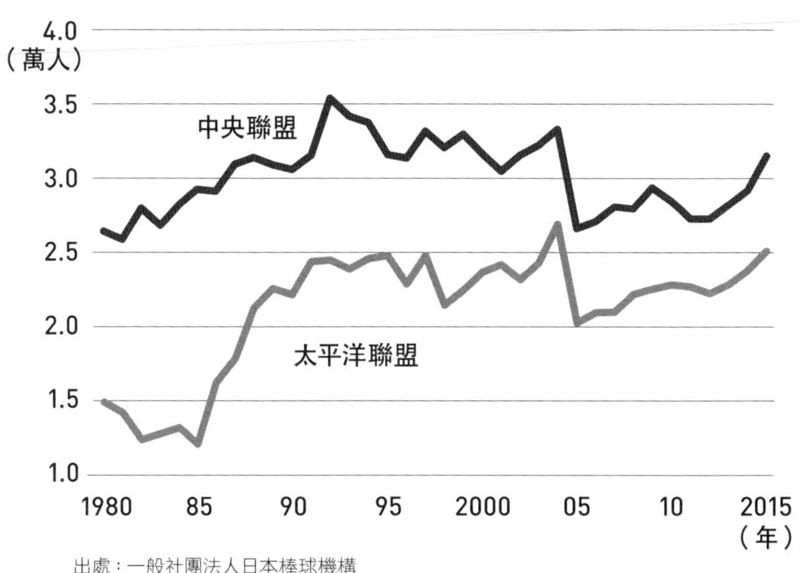


出處：一般社團法人日本棒球機構

觀眾的要素。因此可以說並非是依賴巨人戰來吸引觀眾，而是全體從谷底爬起的成果。

太平洋聯盟則是經歷球團從 Daiei 轉到軟銀、近鐵的消失、樂天的加入，以及日本火腿陣營轉移到北海道等巨變後，球團把經營方針定位成需緊密地與地方結合，因此讓觀眾人數提升不少。

過去太平洋聯盟無論是樂天的川崎球場或是曾強盛一時的阪急本據點西宮球場，觀看人數都不怎麼樣。在一九五〇年分成中央、太

**男孩子「長大後你想當什麼」排行榜**

| 年 | 足球選手 | 棒球選手 |
|---|---|---|
| 2015 | 1 | 2 |
| 2014 | 1 | 2 |
| 2013 | 1 | 2 |
| 2012 | 1 | 4 |
| 2011 | 1 | 2 |
| 2010 | 1 | 2 |
| 2009 | 2 | 1 |
| 2008 | 2 | 1 |
| 2007 | 3 | 1 |
| 2006 | 2 | 1 |
| 2005 | 2 | 1 |
| 2004 | 2 | 1 |
| 2003 | 1 | 2 |
| 2002 | 2 | 3 |

| 年 | 足球選手 | 棒球選手 |
|---|---|---|
| 2001 | 2 | 1 |
| 2000 | 2 | 1 |
| 1999 | 2 | 1 |
| 1998 | 4 | 5 |
| 1997 | 2 | 1 |
| 1996 | 1 | 2 |
| 1995 | 1 | 2 |
| 1994 | 1 | 2 |
| 1993 | 1 | 8 |
| 1992 | 2 | 1 |
| 1991 | 3 | 1 |
| 1990 | 4 | 1 |
| 1989 | 4 | 1 |

出處：第一生命保險 第 27 回「長大後你想當什麼」調查

平洋兩大聯盟制之後，太平洋聯盟目前可說是聲勢最浩大的時刻。

先姑且不管日漸高齡化的職棒迷，新增加的粉絲則有以「CARP女子」為首的年輕女性職棒迷。像是巨人隊女粉絲自稱「Gijo」、阪神則是「TORACO」、橫濱是「HAMA娘」、Orix是「ORI姫」、軟銀則是「鷹Girl」、「鷹嬢」等名稱，皆讓球場充滿活力。

## ※能培育出未來的球星嗎？

職棒絕對沒有沒落，相反地，從收集的資料看來，職棒感覺要邁入第二次的黃金期了，棒球迷的年齡層也愈加廣泛。

但要說職棒界日後可以暫時安穩了，倒也不是那麼簡單。「將來我要成為棒球選手」——會這樣想的小孩有多少？孩童時代的棒球經驗會影響棒球人口及粉絲的增減。根據第一生命保險的「長大後你想當什麼」的調查，長久以來一直不分軒輊的棒球選手和足球選手，在二〇〇九年時還是棒球占優勢，但二〇一〇年之後就一直是足球居上風。足球在容易上手這一點比棒球吃香。而網球也由於錦織圭選手的活躍而名次躍進，可見有明星選手加持是很重要的。在這種意義上，大谷翔平選手的活躍可能成為職棒未來的關鍵。

AKB48

## 一堆不知名成員的國民偶像團體的人氣何時會到達高峰？

隨著主力成員相繼畢業，「國民偶像」AKB48團體的成員也變成完全不認識的新面孔。她們的人氣高峰是何時呢？這裡要討論的便是這個主題。也有少數粉絲會說：「是以後吧」，但AKB48在媒體的曝光率已明顯不再，單獨在廣告上露臉的成員也大幅變少了。

那麼，她們的人氣變化如果從資料上來看的話是如何呢？M Data公司（東京都港區）是一家收集電視節目或廣告播放實績數據的公司，它們會將電視的曝光度轉化為數字。但由於是法人契約的服務，沒辦法做簡單的事前調查。另外該公司的原始數據由於是以東京、名古屋及大阪地區播放的節目、廣告為對象，所以像是HKT48在九州的地方電視台雖有節目，但不包含在調查對象內。

提到AKB48就會想到總選舉。總選舉的投票數可以說是人氣的風象球，我們就來彙整一下得票數吧。總得票數在二〇一一年一口氣從前年的三十七點七萬票暴增三倍，成為一百一十六點六萬票，二〇一三年也是以比前年倍增的氣勢成長。最高峰是在二〇一五年的三百二十八點七萬票，二〇一六年的得票數三百二十五點五萬票也僅僅比前年下降一點。

因此可以說團體的最高峰是二〇一五年前後。會下這個結論應該是合理的吧？

AKB48 選拔總選舉 得票數變化

| 年 | 總得票數 | 冠軍 | 冠軍票數 |
|---|---|---|---|
| 2016 | 325萬5400票 | 指原莉乃 | 24萬3011票 |
| 2015 | 328萬7736票 | 指原莉乃 | 19萬4049票 |
| 2014 | 268萬9427票 | 渡邊麻友 | 15萬9854票 |
| 2013 | 264萬6847票 | 指原莉乃 | 15萬0570票 |
| 2012 | 138萬4122票 | 大島優子 | 10萬8837票 |
| 2011 | 116萬6145票 | 前田敦子 | 13萬9892票 |
| 2010 | 37萬7786票 | 大島優子 | 3萬1448票 |
| 2009 | — | 前田敦子 | 4630票 |

真相是⋯⋯

## 高峰在「就算討厭我也不要討厭AKB」（前田敦子，二〇一二年）的時期

選拔總選舉的總得票數在二〇一五年達到高峰的看法，是否有人不認同呢？跟大眾漸漸不關心的趨勢相反，這其實反映出了一部分狂熱的激進粉絲大量投票爭取偶像排名的結果。在各報社提供的電視收視率中，關東地區平均只有二〇一三年達到百分之二十。其他幾年都在十六到十八間游移，並沒有明顯的高低起伏。而由於直播是從二〇一二年開始，所以二〇一一年──也就是得票數跟前年比增加三倍那年的收視率是無法得知的。

那麼CD單曲的銷量如何呢？如左表，在第四十二張單曲時中斷了二十一張單曲的發行首週銷量破百萬張的記錄。不過由於每年五月下旬發售的CD同時也是選拔總選舉的投票券，所以那時的單曲會成為年間銷量最高的CD，因此AKB48不會那麼快走下坡。如此看來，AKB48的高峰期應該是連三張單曲都達到首週銷量一百三十萬張的二〇一一年左右吧。

AKB48 單曲首發銷量張數

| | | | |
|---|---|---|---|
| 10 | 2008/10/22 | 4萬8000 | 大聲鑽石 |
| 11 | 2009/3/4 | 6萬6000 | 10年櫻 |
| 12 | 2009/6/24 | 10萬4000 | 驚喜淚水 |
| 13 | 2009/8/26 | 9萬1000 | Maybe是藉口 |
| 14 | 2009/10/21 | 17萬9000 | RIVER 河 |
| 15 | 2010/2/17 | 31萬8000 | 櫻花書籤 |
| 16 | 2010/5/26 | 51萬3000 | 馬尾與髮圈 |
| 17 | 2010/8/18 | 52萬7000 | 無限重播 |
| 18 | 2010/10/27 | 82萬7000 | Beginner 初心者 |
| 19 | 2010/12/8 | 59萬7000 | 機會的順序 |
| 20 | 2011/2/16 | 94萬2000 | 變成櫻花樹 |
| 21 | 2011/5/25 | 133萬4000 | 每天、髮箍 |
| 22 | 2011/8/24 | 135萬4000 | Flying Get飛翔入手 |
| 23 | 2011/10/26 | 130萬0000 | 風正在吹 |
| 24 | 2011/12/7 | 119萬9000 | 崇尚麻理子 |
| 25 | 2012/2/15 | 128萬7000 | GIVE ME FINE! |
| 26 | 2012/5/23 | 161萬7000 | 仲夏的Sounds Good! |
| 27 | 2012/8/29 | 118萬2000 | 格子花紋 |
| 28 | 2012/10/31 | 112萬9000 | UZA |
| 29 | 2012/12/5 | 107萬3000 | 永遠的壓力 |
| 30 | 2013/2/20 | 103萬6000 | So long! |
| 31 | 2013/5/22 | 176萬3000 | 再見自由式 |
| 32 | 2013/8/21 | 133萬0000 | 戀愛的幸運餅乾 |
| 33 | 2013/10/30 | 120萬4000 | 真心電流 |
| 34 | 2013/12/11 | 103萬3000 | 倘若在梧桐樹的路上~ |
| 35 | 2014/2/26 | 109萬1000 | 勇往直前 |
| 36 | 2014/5/21 | 166萬2000 | 拉布拉多獵犬 |
| 37 | 2014/8/23 | 100萬6000 | 心意告示牌 |
| 38 | 2014/11/26 | 113萬0000 | 希望無限 |
| 39 | 2015/3/4 | 100萬1000 | Green Flash |
| 40 | 2015/5/20 | 167萬3000 | 我們不戰鬥 |
| 41 | 2015/8/26 | 127萬8000 | Halloween Night |
| 42 | 2015/12/9 | 90萬5000 | 紅唇Be My Baby |
| 43 | 2016/3/9 | 123萬8000 | 你就是旋律 |
| 44 | 2016/6/1 | 144萬1000 | 不需要翅膀 |
| 45 | 2016/8/31 | 117萬8000 | LOVE TRIP/分享幸福 |

出處：ORICON 調查（第 10 張單曲起算）

迎接成人式的成員

| | | |
|---|---|---|
| 2012年1月 | 20人 | 前田敦子、高橋南、板野友美、柏木由紀、北原里英、松井玲奈、須田亞香里、高柳明音、河西智美、高城亞樹、仲川遙香、其他 |
| 2013年1月 | 17人 | 指原莉乃、横山由依、峯岸南、島田晴香、大場美奈、柴田阿彌、福本愛菜、山田菜菜、其他 |
| 2014年1月 | 26人 | 渡邊麻友、島崎遙香、山本彩、渡邊美優紀、永尾瑪莉亞、市川美織、其他 |
| 2015年1月 | 22人 | 川榮李奈、武藤十夢、岩佐美咲、小笠原茉由、上西惠、多田愛佳、其他 |
| 2016年1月 | 32人 | 入山杏奈、木崎由里亞、其他 |

乃木坂超越 AKB，欅坂快速成為支店 NO.1

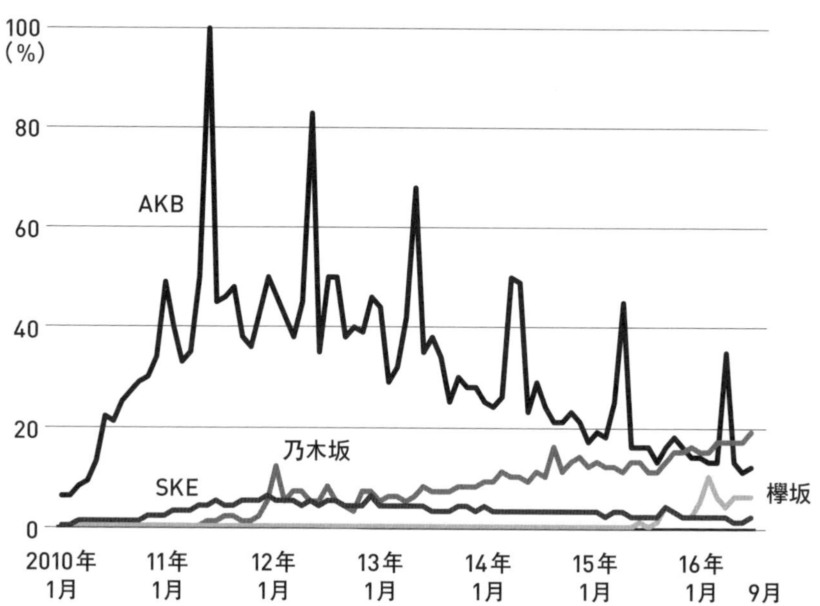

那麼若以沒有受到總選舉影響，首週銷量持續保持一百三十萬紀錄的二〇一一年為巔峰的話，二〇一六年八月發行的第四十五張單曲是一百一十七點八萬張，應該可以認為二〇一六年的人氣比最高峰時少了約一成吧？不，由於ＣＤ內含握手券，所以一定會有狂熱粉絲大量購買，因此銷量很難視為一般人氣、話題性的指標。

在這種狀況時，就可以利用將搜尋數值指標化以把握變化的「Google 搜尋趨勢」。輸入複數的關鍵字後，在指定期間內就可以確認到哪個是搜尋次數最多的、增加傾向最多的，並以折線圖顯示。將搜尋次數最多的關鍵字指數化後視為一百，輸入「ＡＫＢ」後，可以發現二〇一一年六月是過往搜尋數最多的。當時是第三屆總選舉前田敦子奪回第一名的時候，她也說出了名句「就算討厭我也不要討厭ＡＫＢ」。之後就算每年六月的總選舉，ＡＫＢ都會重返熱搜字，但人氣還是直線下滑。

透過這項調查還可以發現，打著ＡＫＢ48官方競爭對手招牌的乃木坂46，從二〇一六年七月之後，在一般人氣跟話題性的搜尋量上，都超越了ＡＫＢ。而作為姊妹團的欅坂46也超過了ＳＫＥ48等ＡＫＢ分支姊妹團。從數據看來，很明顯現在已經是坂道團體的時代了。

●專欄3

## Instagram：二十多歲女性用 Instagram 搜尋及購買

被稱為「搜尋引擎冷感」的年輕人，在資料搜索上是怎樣操作的呢？《Nikkei Digital Marketing》與 MACROMILL 協力做的全國二十到四十九歲男女共三百人的問卷調查後，得知二十多歲女性喜愛利用 Instagram 來搜尋。

首先，在詢問經常使用的搜尋網站（可複數回答）時，第一名是 Google，其次是 Yahoo!JAPAN（雅虎日本），而 Instagram 僅占百分之七點七。然而單看二十多歲女性（五十人）時，使用 Instragram 的有十二個人，比例大約是四個人裡就有一人（圖1）。

順帶一提，MACROMILL 以二〇一六年時滿二十歲的新成人做為調查對象，這些新成人的女性利用推特的比例是百分之七十七點六，而 Instagram 的使用率則是百分之三十五點二。假如二十多歲女性的 Instagram 使用率也是約百分之三十五左右的話，那二十多歲女性的 Instagram 使用者中大概會有七成使用 Instragram 來搜尋。而推特使用

圖 1　搜尋時使用的網站（可複數作答）

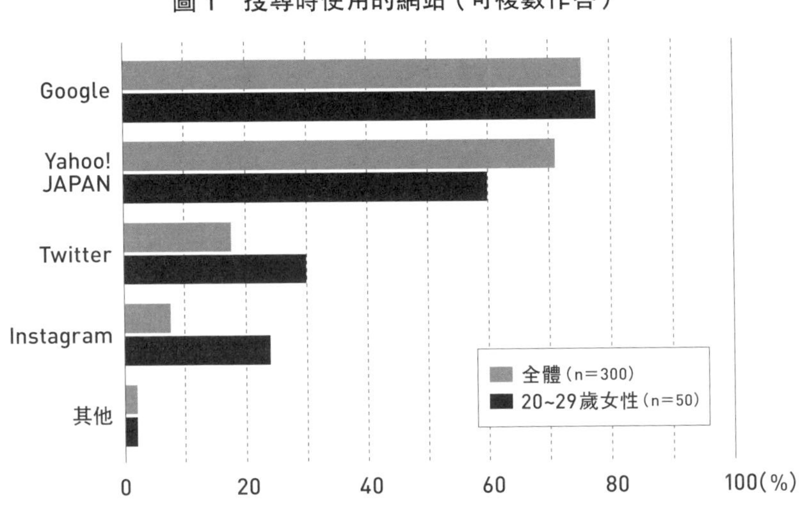


圖 2　搜尋利用的頻率變化（與 1 年前相比）

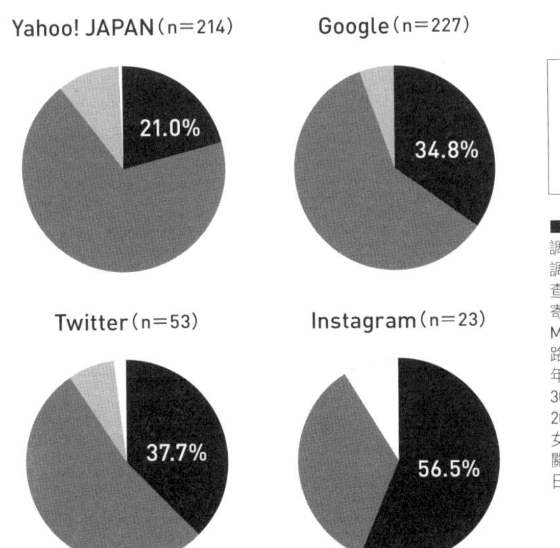


■ 增加
■ 不變
■ 減少
□ 1年前未利用

■調查概要
調查名：「網路搜索相關問卷調查」/ 調查方法：WEB 調查（網路調查）/ 調查對象：寄出請求回答調查信給 MACROMILL 的調查員，在網路上實施 / 調查期間：2016 年 6 月 8~9 日 / 有效回答人數：300 人 / 回答者年齡、構成：20~29、30~39、40~49 歲的男女各 50 人為樣本數 / 調查機關：MACROMILL/ 調查主辦：日經 BP 社者中，會用推特來搜尋的還不到四成，這反應出 Instagram 搜尋限定在二十多歲女性已經是很普遍的情況了。

有關搜尋頻率的變化，如果跟一年前的搜尋頻率相比，每一個選項都是「增加」超過「減少」（圖2）。但是回答雅虎的人，若單看二十多歲男女的話，增減則不相上下。

那麼當有想買的東西時，會收集哪些資訊呢？當設定成「想要買夏天穿的T-shirt」時，全體的回答以「樂天市場等網路商城」、「實體店鋪」、「雅虎或 Google」、「UNIQLO 等服飾網路商店」等選項占多數。（圖3）

當比較全體跟二十至二十九歲女性時，回答「時尚情報網站」的人，全體占百分之十七，而二十至二十九歲女性則是百分之三十二；回答「用 Instagram 搜索關鍵字」的人，全體占百分之三點三，而二十至二十九歲女性則是百分之十二，比例非常懸殊。

年輕人並不是漫無目的的用 Instagram 或推特來搜尋情報。當問題設定成「想要查詢『避稅天堂』的意思」時，幾乎沒有人回答 Instagram 或推特，而是集中在 google 跟雅虎（圖4）。想要掌握第一手消息時用推特；想找喜歡的花色或設計時用 Instagram；要查詢詞彙的意思或定義時用 Google 跟雅虎，他們能夠在找不同的資訊時完善的使用各種搜尋服務。順帶一提，在搜尋時，女性和年輕人最常使用的是手機，而中年人和男性則是電腦，結果相當涇渭分明。

圖 3　尋找夏天想穿的「T-shirt」時（可複數回答）

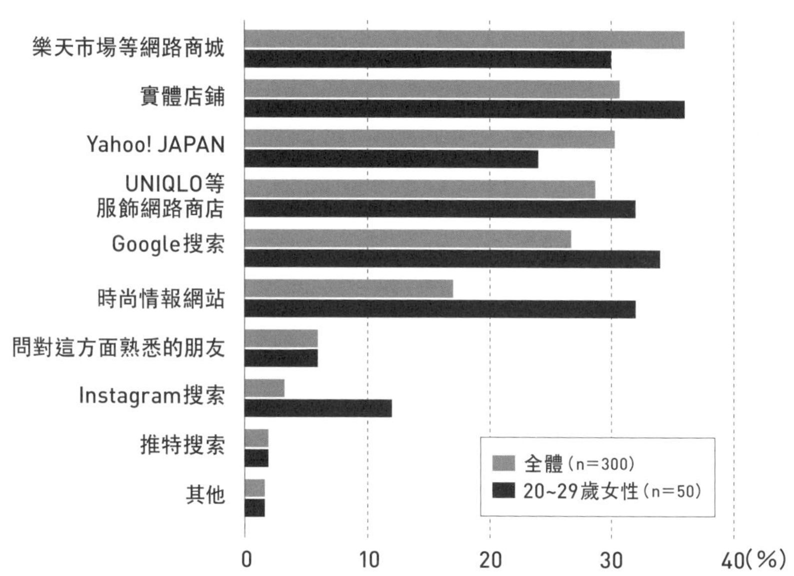


圖 4　想查詢「避稅天堂」的意思時（可複數回答）

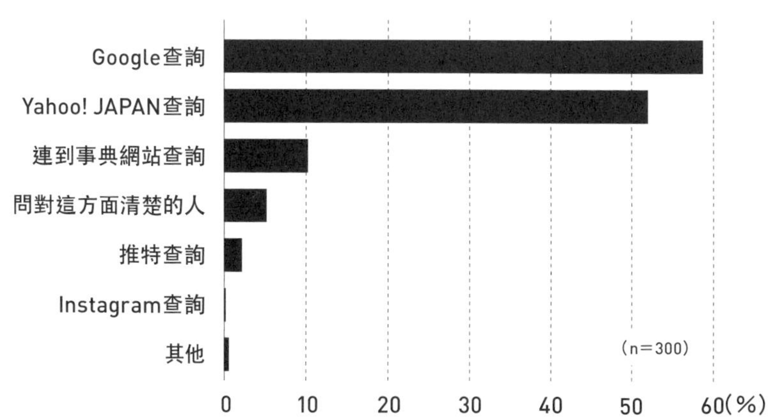

# 第 ·4· 章

# 還有其他增加（減少）數據的因素嗎？

喫茶店

# 店鋪數為一九八一年高峰期的一半
# 連鎖店全盛，個人經營的咖啡店已過時？

推開門後能夠感受到昭和時代那股懷舊風味、被稱為「純喫茶」類型的喫茶店已經很難在街上看到了。如今無論佇立於哪條街道，舉目望去都是羅多倫、星巴客、Tully's Coffee、Cafe de Crie、CAFFÉ VELOCE 等連鎖咖啡店林立。

若使用統計數據更能清楚表示出這種現象。總務省統計局經濟國勢調查（舊事業所・企業統計調查）指出，喫茶店的事業所數於一九七五年的九萬二一三七間店增加到六年後（一九八一年）的十五萬四六三〇間店，但之後便一路往下滑。一九九九年跌破十萬間店，二〇一四年更不到七萬間，只有六萬九九八三間店，連最高峰期的一半都不到。在高峰期的前一年（一九八〇年）羅多倫開始萌芽，在高峰期後的十五年（一九九六年）星巴客登陸了，然後就這樣經過了二十年。

連鎖咖啡店 S Size 的特調咖啡約兩百日圓。而像麥當勞等速食店也賣咖啡。相較之下個人經營的喫茶店價格就偏貴了，加上多數客人待得久，翻桌率自然也會低，從經營層面上看效益是很差的。個人喫茶店由於沒有區分禁菸區的空間，討厭菸味的人更是敬而遠之。此外便利超商也都設有咖啡機，輕鬆就能泡出一杯咖啡。而在罐裝咖啡方面，日本可口可樂的咖啡品牌「喬治亞」也跟咖啡專賣店的猿田彥珈琲共同開發、提升品質，使咖啡界的競爭更加激烈。個人經營的喫茶店真的成了被時代遺棄的夕陽產業，走向荒廢的命運了嗎？

喫茶店的事業所數（間）

| | |
|---|---|
| 1975年 | 92137 |
| 1981年 | 154630 |
| 1986年 | 151054 |
| 1991年 | 126260 |
| 1996年 | 101945 |
| 1999年 | 94251 |
| 2001年 | 88933 |
| 2004年 | 83684 |
| 2006年 | 81062 |
| 2009年 | 77036 |
| 2012年 | 70454 |
| 2014年 | 69983 |

真相是⋯⋯

## Ｋｏｍｅｄａ咖啡是成功的昭和型喫茶店，「減少＝沒人氣」並不成立

光看店鋪數直線下降的數據，很可能會錯誤解讀成喫茶店已經是人氣滑落的過氣產業，而個人經營的咖啡店，或許也會被解釋成「美好昭和舊時光的喫茶店已不能再滿足顧客需求，所以一蹶不振」。

「要注意的是，並不是所有案例都是這樣的。」行銷顧問山本直人這樣提醒大家。山本在多間知名飲料大廠及ＩＴ企業任職講師及授課，以下是他解說對數據的看法。

### ※帶有復古味的連鎖店鋪增加中

「大家可以實際去喫茶店走一趟看看。我雖然是特地前往，但仍被比想像中還熱鬧的

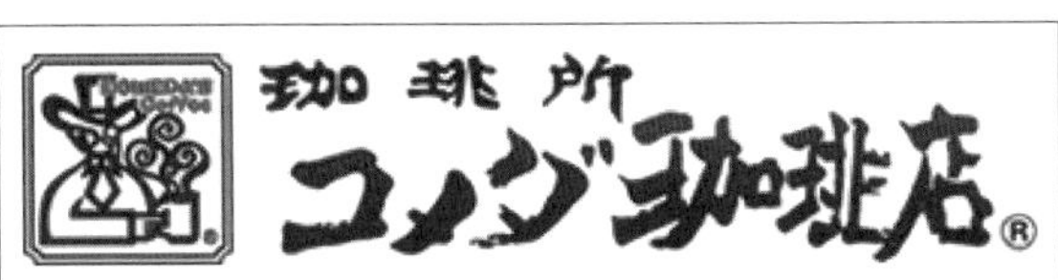

椿屋珈琲店

由於 Komeda 咖啡在全國的擴展成功，其他競爭對手也開始強化全程的服務。

情景嚇了一跳。在跟老闆聊天之後，我才得知喫茶店的減少原因，與其說是沒有客人，不如說更多的例子是因為後繼無人而不得不關門。」（山本）

透過田野調查可以得知，存在昭和風情的咖啡廳絕對沒有被人們遺棄，帶有濃厚懷舊風情的Komeda咖啡就是個例子，它的分店在東京不斷拓展中。而日本餐廳系統旗下的星乃珈琲店則與羅多倫咖啡聯合經營，企圖與Komeda咖啡相抗衡。銀座的Renoir也推出了相同概念的「Café Miyama」。

不同於羅多倫咖啡或星巴客的櫃台點餐，而是店員親自到桌前的全套服務式咖啡店，讓人感受到昭和風情的舒適，喜歡這種風格的粉絲也是很多的吧。

新聞稿

## 全年新聞稿刊登篇數在星期一數量最少 為了搶版面，星期一是大好時機？

各企業的企劃部門，會將自家的新商品、服務介紹或活動、研究開發成果、財務狀況、企業社會責任等各種企業活動的情報，以新聞稿的形式公開在網站上，並發布給報社等各媒體。如果在媒體報導的曝光度上超過競爭對手，自然也會提高消費者的注目度。所以企業新聞稿的內容會網羅自家商品的各種優點，再加上照片等要素，期望被媒體選上刊出。

「發新聞稿該選在星期幾？企業新聞稿入口網站 JPubb 發表了刊登新聞稿的日期分布數據。」

研究發表時間是二〇一〇年八月，雖然時間有點久遠，但對企劃負責人來說，調查結果的確很讓人在意。調查者是 RedCruise（東京都港區），該公司經營的入口網站 JPubb 統整了上市企業、主要企業及團體的各式新聞稿。RedCruise 計算了一年中新聞稿依星期別的發表日，結果「發表日集中於平日」、「平日以星期四最多、星期一最少」。

這項結果發表當時，在宣傳行銷業界引起了話題，大家討論著只要在發表日最少的星期一刊登新聞稿的話，與刊登媒體的競爭率就會變低了。

看了下方的圖表，如果你是行銷人員，會把自家產品選在星期幾發表呢？

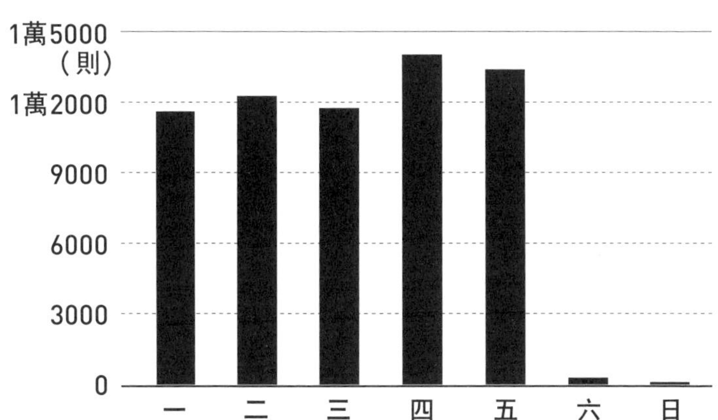


出處：RedCruise（2009 年 8 月 ~2010 年 7 月）

真相是…

## 只是因為星期一放假最多，所以年內發表數最少

覺得「星期一是最佳上稿日」的人，請稍等一下。

這個數據是二〇〇九年八月到二〇一〇年七月這一年間刊登在JPubb上的新聞稿，總計六萬三四八一則的星期別「合計」，而不是「平均」。由於新聞稿在星期六、日和節日幾乎不會發布，所以一年內平日日數較多的日子，當然發表數也比較多。而「假日三連休化」的關係，星期一偶爾也會放假，發表數自然也就少了。

考慮到節日三連休化後，讓人關心的是屬於一週之始的星期一真的是發表次數最少的嗎？還是其實跟其他日子相比沒什麼太大的差別？或是比其他日子發表次數還多呢？

那麼，我們就以JPubb的數據為基礎，來試算星期別平日每一天的發表數。

二〇〇九年八月至二〇一〇年七月這一年內的五十二週，我們扣掉不太發新聞稿的年初及年底、盂蘭盆節、黃金週各一週的合計三週，再扣掉這段期間以外的節日，來算星期別的平日日數。

## ※星期一碰上六次節日

・星期一　四十三次（52－3－6＝43）

敬老日（二〇〇九年九月二十一日）、體育日（二〇〇九年十月十二日）、勤勞感謝日（二〇〇九年十一月二十三日）、成人日（二〇一〇年一月十一日）、春分日的補休日（二〇一〇年三月二十二日）、海之日（二〇一〇年七月十九日）

・星期二　四十七次（52－3－2＝47）

國民的節日（二〇〇九年九月二十二日）、文化日（二〇〇九年九月二十二日）

・星期三　四十七次（52－3－2＝47）

秋分日（二〇〇九年九月二十三日）、天皇誕生日（二〇〇九年十二月二十三日）

・星期四　四十八次（52－3－1＝48）

建國記念日（二〇一〇年二月十一日）

・星期五　四十九次（52－3＝49）

二〇〇九年八月至二〇一〇年七月這段期間，星期五沒有碰上節日。

將JPubb的星期別合計值除以上述數字之後，可以算出每一天的平均次數。

・星期一 270則（1萬1607÷43=269.93）
・星期二 261則（1萬2260÷47=260.85）
・星期三 250則（1萬1751÷47=250.02）
・星期四 292則（1萬4008÷48=291.83）
・星期五 270則（1萬3379÷49=273.04）

新聞稿件數最多的是星期四，其次是星期五和星期一相抗衡，之後是星期二、星期三。若不是以「單純合計」而是以每天換算的「平均」來看，星期一發表的次數跟JPubb所公布的結果大不相同。

**以平日的平均來看，星期一並非是最佳的上稿日**

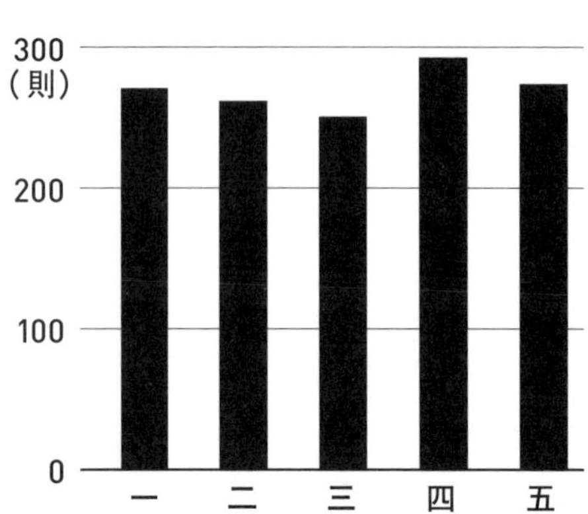

## ※ 來想想為何星期一最少的理由

在 JPubb 的發布數據裡，由於調查主題是「若要發表新聞稿會選在星期幾？」而統計結果則是「星期一最少」，因此針對這項研究提出了「若想要避開發表次數最多的星期四和星期五，在考慮發布日期時可以作為一個參考」的意見。RedCruise 在受訪時雖然回答「我們並沒有針對『選星期幾發新聞稿最合適』下出結論」，但讀者很可能會自己解讀成「要選在（單純合計最少的）星期一發新聞稿」，實際在推特上也有一部分這樣的意見。

在接收研究報告或新聞報導時，一聽到「星期一最少」時，千萬別急著囫圇吞棗，而是該冷靜想一下「是什麼原因讓它最少呢？」這樣就會發現節日也會造成影響。不只企劃宣傳業者，所有人都該多方收集各式資料。

英語老師

## 英檢準1級、TOEIC七百三十分以上的教師只有三成這樣能教出國際化的人才嗎？

公立中學有通過相當於英檢準一級以上檢定或分數的教師只有三成。二〇一六年四月，文部科學省發表的「二〇一五年度英語教育實施狀況調查」明確指出了這個數字。調查日期是二〇一五年十二月，文科省針對公立國高中的英語教師調查是否有大學中級程度的英檢準一級以上水準。這項調查對象的資格也包含了擁有多益七百三十分以上，或是托福iBT八十分以上的人，並以都道府縣為單位調查了通過率。左頁的表格便是公立中學英語教師調查結果的排行榜。

第一名是福井縣的百分之五十一點七，也是唯一超過半數的縣。第二名是富山、第四名是石川，顯示北陸的老師通過率較高。相反地，資格通過率不滿百分之二十的倒數四名則是由岩手、福島、青森、山形等東北地區包辦。全國的平均通過率是百分之三十點二。

因為有很多老師太忙碌而沒辦法去考試，所以不能單純地說英文能力未滿準一級的老師有七成，但是在注重英文教學的今日，這個結果也的確是讓人有些擔心。我們應該怎麼樣來看待這個數字呢？

**公立中學英語教師取得英檢準1級以上者比例高低排行榜**

| 排名 | 都道府縣 | 比例 | 排名 | 都道府縣 | 比例 | 排名 | 都道府縣 | 比例 |
|---|---|---|---|---|---|---|---|---|
| 1 | 福井縣 | 51.7 | 17 | 佐賀縣 | 29.5 | 33 | 秋田縣 | 26.1 |
| 2 | 富山縣 | 48.7 | 18 | 香川縣 | 29.4 | 34 | 長崎縣 | 25.9 |
| 3 | 東京都 | 45.3 | 19 | 靜岡縣 | 28.8 | 35 | 島根縣 | 25.8 |
| 4 | 石川縣 | 41.8 | 19 | 宮崎縣 | 28.8 | 36 | 鳥取縣 | 25.7 |
| 5 | 廣島縣 | 41.1 | 21 | 櫪木縣 | 28.5 | 37 | 奈良縣 | 25.3 |
| 6 | 德島縣 | 41.0 | 22 | 宮城縣 | 28.1 | 37 | 和歌山縣 | 25.3 |
| 7 | 神奈川縣 | 36.6 | 23 | 長野縣 | 28.0 | 39 | 岐阜縣 | 23.7 |
| 8 | 滋賀縣 | 35.9 | 24 | 鹿兒島縣 | 27.9 | 40 | 岡山縣 | 23.1 |
| 9 | 愛知縣 | 34.5 | 25 | 北海道 | 27.8 | 41 | 茨城縣 | 22.9 |
| 10 | 沖繩縣 | 34.2 | 25 | 大阪府 | 27.8 | 42 | 高知縣 | 22.1 |
| 11 | 山口縣 | 32.8 | 27 | 愛媛縣 | 27.4 | 43 | 山梨縣 | 21.4 |
| 12 | 三重縣 | 32.0 | 28 | 群馬縣 | 27.0 | 44 | 山形縣 | 19.6 |
| 13 | 大分縣 | 30.9 | 29 | 京都府 | 26.7 | 45 | 青森縣 | 18.2 |
| 14 | 兵庫縣 | 30.5 | 30 | 埼玉縣 | 26.6 | 46 | 福島縣 | 16.6 |
| 15 | 千葉縣 | 30.3 | 31 | 熊本縣 | 26.5 | 47 | 岩手縣 | 14.6 |
| 16 | 新潟縣 | 29.7 | 32 | 福岡縣 | 26.3 | | 全國平均 | 30.2 |

出處：文部科學省「公立中學・中等教育學校（前期課程）英語教育實施狀況調查」平成 27 年度（2016 年）

真相是⋯⋯

# 教師的多益分數與學生的成績無關

既然都道府縣的英語教師英文水準大致已經清楚了，那麼大家應該很在意「學生的英語能力如何呢？」文科省也同樣對全國公立國高中約一萬三千所學校的國中三年級和高中三年級學生為對象做了調查。標準是國三生要有英檢三級（中學畢業水準）、高三生則要有英檢準二級（高中生水準）。這個統計也是想判斷老師平日的授課是否可以成為學生的助力。

## ※秋田縣大顯神威

國中生有相當於英檢三級的人，若以都道府縣比例高低做成排行榜後，如左頁表格所示。冠軍是唯一超過半數（百分之五十二點一）的是千葉縣。第二名是秋田縣。

秋田縣在以全國的小六生和國三生為對象每年實施一次的全國學力測驗中，已連續三年奪冠（二〇一三至二〇一五年），在學術界中非常受到注目。秋田縣從二〇〇一年開始把大筆經費投入小班學習推展事業，導入了小班學級、小班學習等全國先驅系統。調查每名學童的學習狀況，確實

**擁有英檢 3 級以上的國中三年級生比例高低排行榜**

| 排名 | 縣 | 比例 | 排名 | 縣 | 比例 | 排名 | 縣 | 比例 |
|---|---|---|---|---|---|---|---|---|
| 1 | 千葉縣 | 52.1 | 17 | 滋賀縣 | 36.8 | 33 | 福島縣 | 32.0 |
| 2 | 秋田縣 | 48.6 | 18 | 鹿兒島縣 | 36.3 | 34 | 香川縣 | 31.9 |
| 3 | 東京都 | 47.9 | 19 | 愛媛縣 | 36.2 | 35 | 愛知縣 | 31.6 |
| 4 | 石川縣 | 47.8 | 20 | 青森縣 | 35.5 | 36 | 福岡縣 | 31.5 |
| 5 | 福井縣 | 42.7 | 21 | 宮城縣 | 35.4 | 37 | 三重縣 | 31.4 |
| 6 | 神奈川縣 | 41.9 | 22 | 櫪木縣 | 35.3 | 38 | 新潟縣 | 30.5 |
| 7 | 埼玉縣 | 41.6 | 23 | 岡山縣 | 35.0 | 39 | 山梨縣 | 30.4 |
| 8 | 鳥取縣 | 40.7 | 24 | 岐阜縣 | 34.3 | 40 | 山形縣 | 29.4 |
| 9 | 群馬縣 | 40.4 | 25 | 奈良縣 | 34.1 | 41 | 沖繩縣 | 29.2 |
| 9 | 京都府 | 40.4 | 26 | 靜岡縣 | 33.9 | 42 | 大阪府 | 28.9 |
| 11 | 和歌山縣 | 39.9 | 26 | 大分縣 | 33.9 | 43 | 山口縣 | 28.7 |
| 12 | 茨城縣 | 39.8 | 28 | 長野縣 | 33.7 | 44 | 北海道 | 28.1 |
| 13 | 廣島縣 | 39.5 | 28 | 兵庫縣 | 33.7 | 45 | 島根縣 | 27.7 |
| 14 | 德島縣 | 39.1 | 30 | 岩手縣 | 32.8 | 46 | 熊本縣 | 26.9 |
| 15 | 富山縣 | 38.4 | 31 | 長崎縣 | 32.7 | 47 | 高知縣 | 25.8 |
| 16 | 宮崎縣 | 37.7 | 32 | 佐賀縣 | 32.4 | | 全國平均 | 36.6 |

出處：文部科學省「公立中學・中等教育學校（前期課程）英語教育實施狀況調查」平成 27 年度（2016 年）

把握學習成果和課題後加以活用指導。也因為這樣的經驗累積才顯現出如此成果。

文科省想要特別調查英文教師的英檢準一級通過率，是為了要得知老師的英文能力提升是否也和學生的英文能力提升有關係。

這樣來看看國三生的英檢二級通過率的冠軍千葉縣，是否教師的準一級通過率也是名列前茅呢？但結果千葉縣教師是跟全國平均差不多的百分之三十點三，位居第十五名。

而學生排行第二名的秋田縣，教師通過率則是比全國平均

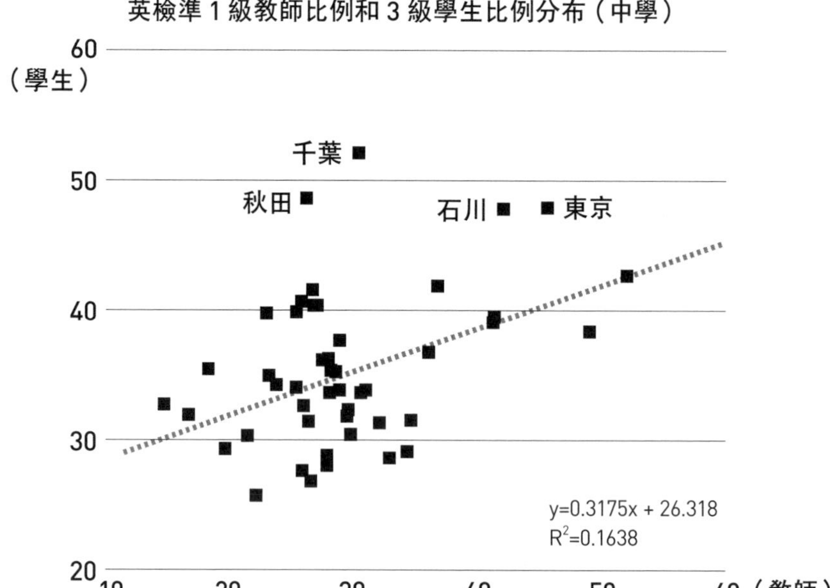


我以文部科學省「公立中學・中等教育學校（前期課程）英語教育實施狀況調查」以平成27年度（2016年）為基礎製成

還低的百分之二十六點一，排在第三十三名。除了東京、石川和福井是老師和學生都有高通過率之外，只從排行榜看的話，完全看不出來有呈正比的現象。

我們將各都道府縣的教師通過率當成橫軸、學生的通過率當成縱軸來做成散布圖看看（右下圖）。圖中記載的回歸式決定係數是零點一六。這個數字愈接近一代表相關性愈強，愈接近零代表相關性愈低。大致上來說，學生的通過率是教師通過率的百分之十六左右，因此相關性並不高。

看了這個圖之後，可能大家也會懷疑教師在取得英檢證照、提升自身分數後，是否也能反應在學生的成績上。在文科省的調查資料中，儘管秋田縣的教師通過準一級的比例很低，但資料也顯示，在國三生的課堂上，使用英語授課比例超過半數以上的老師有百分之九十二點三，明顯勝過其他縣（第二名是石川縣的百分之七十八點一）。順帶一提，高中的老師和學生的通過率在相關性上更低，幾乎等於零。高三生的英檢準二級通過率在全國排第二名的千葉縣，高中老師的準一級通過率卻是敬陪末座的第四十七名。

當然，原本致力於教育的地區和其相反的地區就有差異性了，比起教師的通過率，可能這個原因的影響更大吧。話說回來，在大學入試已大幅改變的今日，全國測驗或英檢真的可以作為學力的指標嗎？這也是值得讓人思考的一個問題。無論如何，調查不能只侷限於一個基準，必須要重複驗證和修正才是對的。

東京奧林匹克

## 佐野會徽被撤回、重覓設計 主張重新設計者超過八成，扭轉劣勢已經是不可能的事？

二〇二〇年東京奧運的徽章，在重新設計之後，由以市松花紋為主題的「組市松紋」雀屏中選，但之前的騷動著實引人笑柄。原本勝選的是由設計家佐野研二郎設計的會徽，卻被比利時劇場控告其設計酷似比利時劇場的ＬＯＧＯ，最後還鬧上法庭，但佐野本人卻堅決否認。由於他並未多加說明，因此「抄襲」風波也愈演愈烈，同時還鬧出在三得利的得獎活動中，由佐野設計的托特包也是抄襲的，因此三得利在三十種作品中撤下了八件。此外，佐野還不停被爆出有其他多件抄襲疑雲，讓他信用破產。

在比利時劇場訴訟案尚未塵埃落定前，難怪大眾會認為在東京奧運公開的場合最好不要使用爭議的徽章。在騷動當時，平日時段的新聞報導節目做了一個緊急民調，回答「重新設計（不採用佐野的設計）」的占了百分之八十五。

由於認為要重新設計的人超過八成，看起來似乎大家對這件事都非常反感，但佐野徽章一事真的是因為「抄襲」嫌疑而被大家討厭嗎？還是其實另有別的原因呢？

此外，由於有超過八成的人對佐野抱持不信任感，所以佐野是否真的無法再挽回名聲了？還是有可能因為後續的處理方式不同，也許能讓他敗部復活呢？接下來我想來探討這一點。

佐野徽章案認為需「重新設計」的占大多數意見

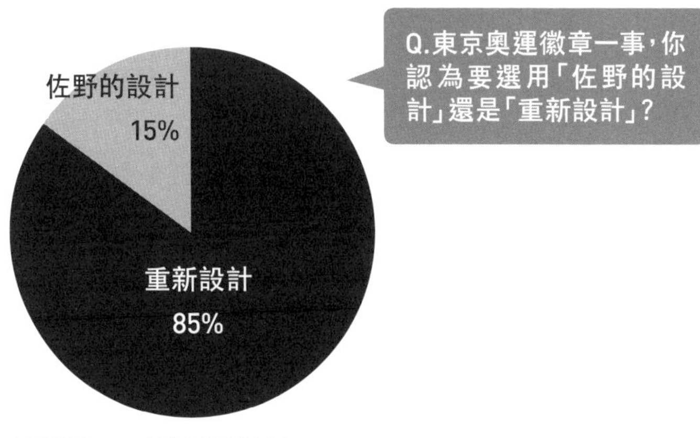


（全國男女 200 人緊急問卷調查）
出處：TBS 電視台「HIRUOBI」2015 年 8 月播出內容

真相是……

## 「遷都君」也曾有八成的人認為要換掉

另有一個真實案例是曾經有八成的人都不喜歡它，但最後卻搖身一變成為人氣吉祥物的例子。那就是慶祝平城遷都一千三百年活動的「遷都君」。

或許有人覺得「遷都君跟抄襲無關，怎麼會扯到它？」但如果仿效遷都君的人氣回升方式，或許佐野徽章一事能走出另一條路也不一定。

### ※當初大家都對「遷都君」很感冒

二〇一〇年遷都活動結束之後，「遷都君」身為奈良縣的宣傳大使仍持續活動，並躋身日本國內少數最受歡迎的吉祥物之一，但在二〇〇八年春天發表遷都君是吉祥物時，大眾的反應惡評如潮，許多人要求換掉它。

當時在雅虎新聞實施的意識調查「你對平城遷都一千三百年活動的吉祥物有什麼看法？」中，回答「換掉比較好」的有百分之七十七點三，而認為「可以接受」的只有百分之十八，反應非常極端。

童子頭上長鹿角的嶄新設計，卻沒有像「彥根貓」那類的吉祥物一樣受到期待和歡迎。要求換掉「遷都君」的市民團

**人氣吉祥物「遷都君」一開始其實很不受歡迎**

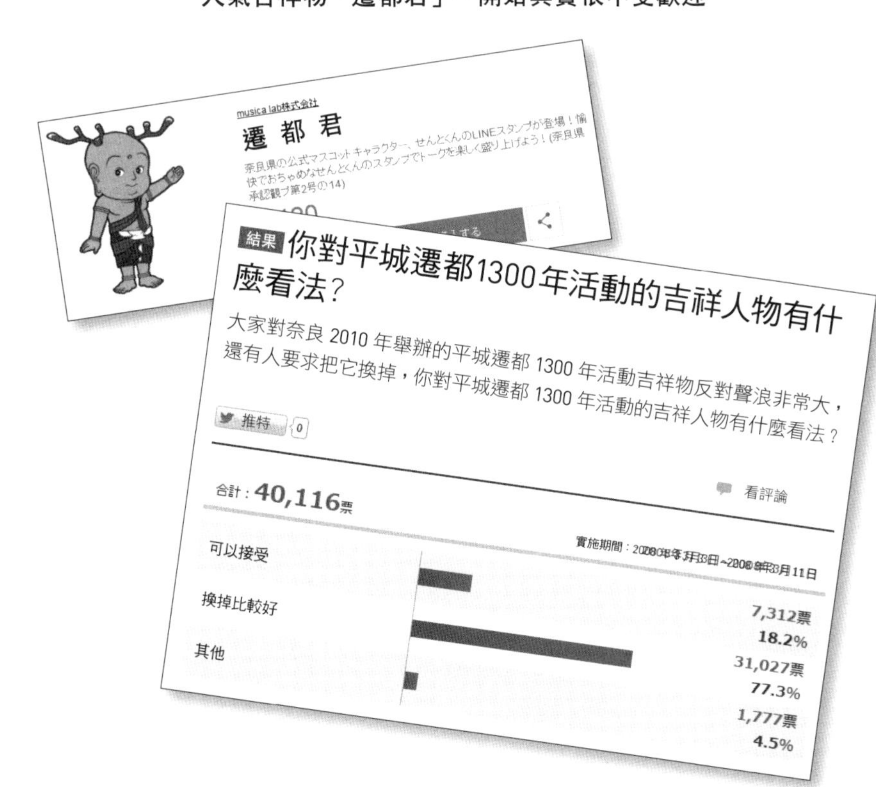

體「平城遷都一千三百年活動救助會」力推「饅頭君」，而僧侶們則用吉祥物「南無君」來對抗遷都君，可以說當時大家對「遷都君」都相當感冒。

其實因佐野徽章爆出抄襲而倍受關注的東京奧運徽章，在還沒被捲入酷似比利時劇場LOGO風波之前的發表當時，就不太受歡迎了。

用雅虎的熱門搜尋找關鍵字「奧運 徽章」，就可以看出肯定的推特文多，還是否定的推特文多，得出正反意見的結果。在發表當天，持正面意見的為百分之十二、負面意見的是百分之二十七，以負面的反應居多。

若看推特的內文，會發現很多人不滿以黑色為基調的設計，認為缺乏奧運的躍動感。從發表當下不滿的聲浪高漲來看，奧運徽章和遷都君是有共通點的。

「佐野徽章」公布後以負面反應占多數

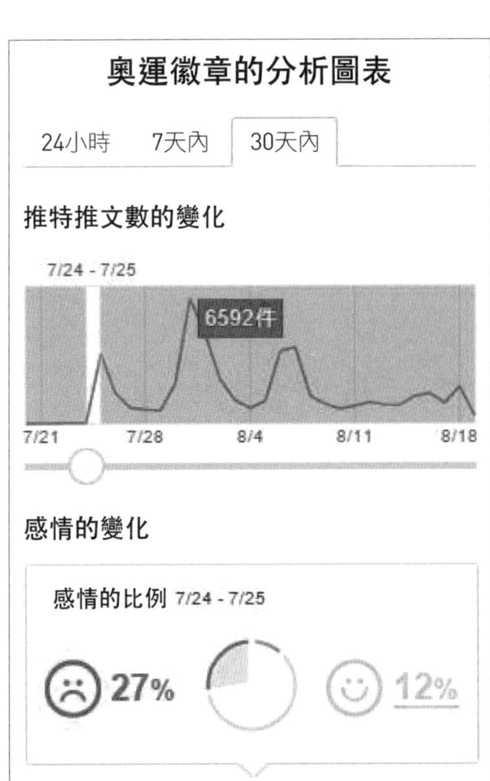

那麼，遷都君是如何扭轉發表之後的惡評呢？

## ※作者禮貌地回覆網友的批評信件

遷都君的原創者東京藝術大學教授暨彫刻家籔內佐斗司，一開始採取了以下兩個行動。其一是站到媒體前用自己的方式來說明；其二是發表吉祥物許多表情各異且豐富的展示圖，像是吉祥物躺臥在床上、笑、眨眼等等各種基本姿勢。

接著風向就轉變了，原本充滿批評的部落格網站，開始不斷出現各種稱讚的聲音，像是「竟然可以接受」、「醜的很可愛」、「看久以後也不錯嘛」。

不僅如此，籔內教授在自己架設的網站上，對於超過二十封以上的批評信件都冷靜且有禮貌地公開回覆在網站上。

其實那些留言，與其說是批評，更不如說是無端謾罵。

「你畫的根本像妖怪一樣，有夠噁心！」

「不要把奈良當白痴！」

「一點水準也沒有，快點辭職吧！」

「想裝藝術家還不夠格呢！」

諸如此類的內容。

就算是這樣的信，他也是抱著誠意回答，說明自己對奈良抱持的敬畏之意，以及曾經從事修復及調查佛像的工作，並以自己身為專業彫刻家的自信而去報名徵選活動。籔內教授對於自己為何要在網站上公開回覆，說道：「由於當中有很多信就算回信了也傳送失敗，所以才選擇了一些具代表性的內容公開回覆。」

## ※一開始誠實的快速處理方式讓批評散去

當時他這樣的回答在網路上成為話題。以冷靜的回覆對應惡毒的辱罵而有了成效，風向漸漸轉向「批評的人才奇怪」的結果。支持教授的信件也增加了，在總計約一千五百封信裡，只有三百封是批評的內容。

如此一來，吉祥物的注目度和好感度也隨之增加。在徵求吉祥物的命名之後，也有將近一萬五千件的回響，最後被命名為遷都君。

籔內教授獨自一人面對大眾，卻成功阻絕了最初的惡評，讓遷都君搖身一變成為人氣吉祥物。

推特或是各種綜合網站都因為轉發訊息十分方便，而更容易讓批判或中傷的攻擊力加倍，但若能在第一時間拿出誠意解釋的話，想要從原本占了八成的反對派勢力中扭轉乾坤也是有可能的，遷都君就是一個很好的例子。

●專欄4

## 中央賽馬：呼喚女粉絲到賽馬場的「馬女」企劃

二〇一六年日本賽馬界培養出一群空前高水準的三歲實力馬，讓賽馬迷們為之歡呼振奮。賽馬票的銷售量為兩百六十五億七四〇九萬日圓，比前年增加了百分之十點六。長期低迷的賽馬界看來有些回溫的傾向。

其中的功臣之一是稱為「馬女（umajo）」的女性賽馬粉絲。中央賽馬場的女性觀眾數，二〇一一年是八十二萬八〇〇三人，女性比例是百分之十三點五，到了二〇一五年時，女性觀眾數是九十九萬九百一十三人，成長到百分之十五點八，也創下至今為止女性占比數最高的紀錄。日本中央賽馬會（ＪＲＡ）推廣的馬女企劃可說功不可沒。

企劃起始於二〇一二年。到二〇一一年為止，中央賽馬場的票房總銷量便從一九九七年的高峰期連續十四年下滑，觀眾也從九〇年中的一千四百萬人以上跌到只剩六百一十五萬人。由於過往的老馬迷漸漸流失了，尋找新的粉絲群是絕對必要的。因此ＪＲＡ成立了

「讓女性能更輕鬆享受賽馬樂趣」的跨部局馬女企劃團隊，成員是進入日本中央賽馬會未滿十年的年輕女職員。

該企劃團隊的其中一名成員，JRA經營企劃室的市山惠表示：「現今的女性粉絲在各種不同領域都能引起話題，像是喜歡歷史的歷女、喜歡鐵路的鐵子、喜歡格鬥摔角的格女子、或者是山女、釣女等等。為了開發女性粉絲，讓賽馬也能在女性中掀起風潮，我們先從觀眾問卷調查開始，尋找女粉絲的需求。」

問卷的回覆中最常提到的是「雖然有興趣，但是沒有屬於自

提供以女性視角來看賽馬樂趣的「UMAJO」特設網站

己的地方」。各家賽馬場這十幾年來都紛紛改裝觀眾席，讓設施變得更整潔美觀。但儘管如此，男性觀眾仍然占了近九成，讓女性感覺沒有容身之處，因此，為了回應她們的期望，便成立了「UMAJO SPOT」。

東京府中的東京賽馬場從正門進入後，在三樓觀眾席出入口前面，設置了一個貼有五彩壁紙的女性專用區。裡面準備了免費的咖啡或紅茶，還有常駐的女性工作人員，是女性觀眾在觀看馬匹進場，或是來回於觀眾席和售票處等場所累了之後，可以稍微小憩的地方。在五樓則設有男性也可進入的區域，好讓情侶或夫妻檔可以一起休息。我參

對 UMAJO SPOT 的來賓推廣拍照上傳的指示

觀的時候剛好是星期六下午，當時有許多像是閨蜜的女生團體，十分熱鬧。「在獎金很高的日子裡，UMAJO SPOT 總是大排長龍。」市山如此表示。

## ◎舉辦上傳照片的活動

有了場地之後，接下來就是要想辦法將賽馬的魅力傳達給女性觀眾。這也需要新的提案，JRA 便活用了社群媒體。只要在賽馬場內拍照後，將照片給 UMAJO SPOT 的工作人員確認，就可以拿到獨家的 TIROL 松尾巧克力或是便條紙等小禮物，利用這種社群連動方式來吸引大家上傳照片。「賽馬場的草地十分翠綠，很適合作為 Instagram 的打卡地點。」市山說。這種漂亮的打卡景點很容易吸引人來按讚。另外，以馬匹為主題的甜點或是手作小物，由於很能引起年輕女性拍照上傳到 Instagram 的欲望，所以也能提起追蹤者們對賽馬的興趣。

此外，UMAJO 網站上還刊登了介紹年輕騎師檔案的「騎師私藏」專頁。有些騎師也創了社群網站的帳號，讓粉絲可以追蹤。賽馬協會就是從增加友善女性的設備或是企劃案的觀看方式、活動宣傳等各種方式來擄獲人心。

藤田菜七子騎師是ＪＲＡ睽違十六年的女騎師，受到萬眾矚目。趁著這股熱潮，或許可以增加走入賽馬場的女性粉絲比例。

# 第5章

# 是因果關係？還是相關關係？

懷孕生產

# 住得愈高，有流產經驗的女性比例愈高？想生小孩的夫婦最好避開高樓大廈？

由於東京奧運的關係，建設的相關需求也隨之升高，由於原物料和人力費用飆漲，首都圈的高樓大廈售價也跟著水漲船高。灣岸區的高樓新建案動向雖然十分受到注目，但卻有資料讓想要購買高樓的人感到不安。

「三十三歲以上女性有流產經驗者的比例，依照居住樓層而有所不同。五樓為止是百分之二十一至二十二，六至九樓是百分之三十八點一，十樓以上一躍成為百分之六十六點七。」

這項數據讓對高樓大廈景觀抱有憧憬的女性、夫妻十分震驚。東海大學醫學部講師逢坂文夫，在二〇一〇年七月日本臨床環境醫學會上發表的「居住環境對孕婦的健康影響」一上，發表了這份資料。

調查時間是一九九五到二〇〇八年，對象是在橫濱市內三間保健所，為了第一個寶寶的四個月健檢而看診的媽媽共四千一百人，其中回答人數為二三四四人（百分之五十七點二）。在逢坂文夫的著作《可怕的高樓大廈》（寶島社）中也針對這調查為一般大眾解說。在書腰上寫有「收錄多項讓媒體備受衝擊的數據」，看起來是不甘沈默，想要將內容提出來與大家分享。

那麼，不論你是否想要住在高樓，要怎麼看待這個數據呢？

住愈高層樓愈容易流產？？

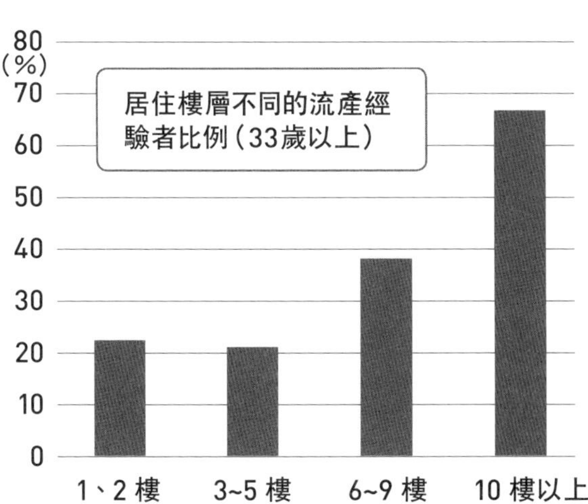


出處：日本臨床環境醫學會（2010 年 7 月）
書籍《可怕的高樓大廈》p.13（逢坂文夫著）

真相是……

## 住愈高層的愈有可能是「女強人」

對建築、醫療的領域都非專業的我而言，既不會評斷這份數據的對錯，也無法評斷，而且就算問了許多專家的意見，結果也是分岐的吧。但重要的是這個數字的計算方法。

首先，為了得知流產經驗率高低的標準，我們先來調查一下懷孕女性的流產經驗。厚生勞動省研究班調查愛知縣內接受健檢的一般女性（三十五至七十歲）五〇三人後，得知在有懷孕經驗的四百五十八人中，流產過的人有一百九十人（百分之四十一點五）。這樣比較起來，住在十樓以上的三十三歲以上女性流產率（百分之六十六點七）確實很高，但流產率其實也是隨著歲數而提升的。也就是說四十歲以上的孕婦愈多，流產率也會愈高。

這裡我們來想像一下住在高層樓的住民生活。就算是同一棟大廈，樓層愈高房價愈貴。因此每一戶的年收入也是住的愈高收入愈多。住戶中既是雙薪家庭也是女強人的女性，比例應該也比較多吧。這種女性的工作壓力大，加上職位高，就算想要生小孩也容易將懷孕時間一再往後延，如果在三十歲後半才有計劃的話，流產率當然也會提高了。這種假設是

居住在 10 樓以上、年齡 33 歲以上的調查對象共 6 人

■ 年齡別×居住樓別的曾有流產經驗者的比例

| 年齡區分 | 居住樓層 | 流產經驗者數（調查分母數） | 比例 |
|---|---|---|---|
| 27歲以下 | 1、2樓 | 32(582) | 5.5% |
| | 3～5樓 | 11(228) | 4.9% |
| | 6～9樓 | 2(35) | 5.7% |
| | 10樓以上 | 1(17) | 5.9% |
| 28～32歲 | 1、2樓 | 54(532) | 10.2% |
| | 3～5樓 | 25(278) | 9.0% |
| | 6～9樓 | 9(51) | 17.6% |
| | 10樓以上 | 4(19) | 21.1% |
| 33歲以上 | 1、2樓 | 22(98) | 22.4% |
| | 3～5樓 | 19(90) | 21.1% |
| | 6～9樓 | 8(21) | 38.1% |
| | 10樓以上 | 4(6) | 66.7% |

出處：書籍《可怕的高樓大廈》p.29~31（逢坂文夫著）

可能成立的。即便是在家工作的女性，由於不喜歡外出或不喜歡運動，對流產率也會造成影響。

這份調查無法得知女性的工作內容是很可惜的一件事。而且調查中的流產率百分之六十六點七是指，分母數六人裡有四人的少數樣本，這個樣本數會不會太少了呢？

酒的功效

## 咦？戒酒會早死是真的嗎？那就別戒酒了，像之前一樣照喝不誤嗎？

收到健康檢查的結果後，正在擔心是否要對酒忌口時，如果得到了「如果想要長壽的話，在不飲酒過量的前提下，今後請好好享受喝酒樂趣吧」的建議，對愛小酌一杯的人來說，應該是欣喜若狂的事了吧。（我本身並非此道中人，所以才敢這樣任意妄為地說）。

事實上，《女性SEVEN》二〇一四年八月二十一・二十八號，以及《NEWS POST SEVEN》都刊登了「『酒是百藥之長』並非愛好杯中之物的人的藉口，事實上酒真的可以提高活動力」的內容。

有項調查將東京小金井市的七十歲男女共四百二十二人分成「有飲酒習慣者」、「無飲酒習慣者」、「已戒酒者」三組，從一九七六年起展開了十五年的追蹤調查，結果發現保有最高活動力的是有飲酒習慣者。進行這項調查的日本應用老年學會柴田博理事長表示：「喝二合（譯注：三百六十cc）酒有益長壽」、「戒酒的人因為減少了運動或是與其他人的交流，所以對健康並不好」。

柴田在之後的一九九一年開始，在四年內又進行了高齡者八百一十四人的追蹤調查，以實證表示「調查期間內戒酒的人」在活動力指標的得分是最低的（如下圖）。

這項調查指出高齡者若適量飲酒，在往後維持生活機能或是自立上，絕對沒有壞的影響。對於這個結論，你會怎麼想呢？

**有飲酒習慣的人最健康？**

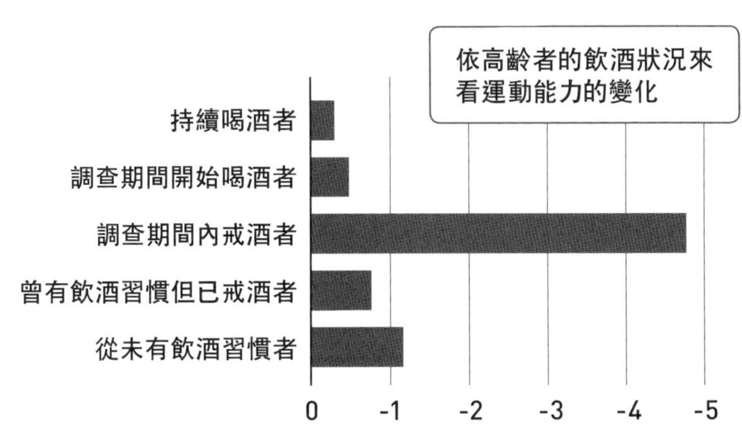


出處：「地區高齡者的飲酒狀況及 4 年後的高端生活機能變化」《日本老年醫學會雜誌》（2000 年）
調查期間：1991~1995 年（N=278，首次調查時 65 歲以上男性）

真相是⋯

# 其實戒酒者是被醫師禁止的？

首先要說的是，我既不是醫師，而且天生就不太能喝酒，因此對於酒和健康的關係完全沒有立場妄下定論。但在該調查中有一點讓人值得注意的是，所謂的「調查期間內戒酒者」是怎樣的人。他們並不是自己覺得喝太多而節制，而是被限制「戒酒」。若是連一滴酒都不沾，很有可能是因為身體不知哪裡出問題才戒了酒。非常有可能是被醫師強迫戒酒，這樣就無法跟健康的飲酒者一概而論了。

若是單純只看這四年間的追蹤調查論文，「調查期間內戒酒者」的人當中，並沒有任何備註提及有人因為身體健康狀況不佳而從案例中除名。這代表了不是因為戒酒而造成活動力下降，而是原本就處於不得不戒酒的狀態，所以活動力才低下吧。

同樣的，並不是因為有飲酒習慣而可以保持良好的活動力，而是正因為本來就有能保持良好活動力的健康身體，所以適當的飲酒才沒有危害到健康，進而能更有效地抒解壓力吧。用安東尼奧豬木的發言方式來說，就是「只要健康，就可以喝酒」。這點值得大家思

戒酒的族群中早已有腦中風、心臟病等病史的人很多

| | 健康程度自我評量 | 過往病史 | | | 運動能力指數 |
|---|---|---|---|---|---|
| | 非常良好 | 腦中風 | 心臟病 | 糖尿病 | 非常良好 |
| 持續喝酒者 | 84.6 | 4.7 | 22.9 | 10.3 | 96.6 |
| 曾有飲酒習慣但已戒酒者 | 70.7 | 14.9 | 27.7 | 14.9 | 83.3 |
| 從未有飲酒習慣者 | 80.4 | 5.8 | 14.2 | 14.0 | 92.5 |

出處：「地區高齡者的飲酒狀況及 4 年後的高端生活機能變化」日本老年醫學會雜誌」（2000 年）（N=367，首次調查時 65 歲以上男性）

考一下，是否因果倒置了呢？

飲品和健康的關係還有一個例子。以前常聽人說咖啡因對身體有害，但最近卻常看到報導表示咖啡是健康飲品，一天喝三到五杯都沒問題。這裡不曉得指的是以喝黑咖啡為前提，還是加少許砂糖也可以，或者是加奶精或奶粉的咖啡呢？一聽到「○○對身體有益」便深信不疑的話，是很容易落入陷阱的。

●專欄5

## Jagariko：擁有近一萬名粉絲，開發出的商品銷售量是正規品的一點五倍

卡樂比的人氣點心「Jagariko」在二〇一六年三月推出了期間限定的新產品「恭喜鯛口味」，這是由消費者參與、加上粉絲的點子開發出的產品。Jagariko 的參與型開發產品已邁入第八年，而「恭喜鯛口味」正是第八彈商品。大家是在卡樂比經營的 Jagariko 粉絲網站「這個行得通！Jagari 校」完成的集體心血。如同網站名稱，它是以學校為構想的社群，在年底到隔年春天招募入學者，用「Jagariko 愛」為題的短篇作文作為入學考題來選出學生。招考通知會印在 Jagariko 的包裝上，這種方式也很容易引起粉絲迴響。

每年約有近三千人入學，在學期間為三年。雖然設定入學考這種難關，但仍可以募集到約一萬人，對於零食品牌來說是非常大的社群。經營這個社群的目的是為了培養一批會持續回購的鐵粉。

每個月 Jagari 校會推出各種類似學校課程或行事曆的專題，例如徵求 Jagariko 川柳的「國語」、學生投稿自己日行一善故事的「道德」、在「朝會」中則可以閱讀擔任教師的卡樂比工作人員部落格文章等等。參訪或投稿後可以拿到點數去「合作社」（販賣部）兌換限定商品，種種活動都為了想讓更多人接觸到 Jagariko。

學校成立於二〇〇七年春天。自從產品在一九九五年秋天販售後已過了十年，邁入了成熟期，公司以此為契機，想要重新擬定企劃戰略，剛好此

●「それいけ!じゃがり校」新商品開発

| | |
|---|---|
| 2016年3月 | おめで鯛味 |
| 2015年3月 | モッツァレラチーズトマト味 |
| 2014年3月 | アスパラベーコン |
| 2013年3月 | ホタテ醤油バター |
| 2012年3月 | えだ豆チーズ |
| 2011年3月 | チーズカレー味 |
| 2010年2月 | フライドチキン味 |
| 2009年2月 | カルボナーラ味 |

開校10年目で10期生を迎え入れる「じゃがり校」。
"愛校心"あふれる生徒が毎年新商品を開発する

2007 年春天創校的卡樂比「Jagari 校」粉絲網站「這個行得通！ Jagari 校」

時也想重新規劃產品線，像是更換正規商品、推出季節限定商品等，因此提出了培育忠實買家的點子，而 Jagari 校便成為具體化後的對策。到二〇一六年春天時，已經培育出第十期的學生了。

原本設立網站的目的只是為了招募粉絲，讓大家聊聊 Jagariko，但由於大家對「我想吃這樣的 Jagariko」的投稿非常踴躍，所以隔年（二〇〇八年）年起由粉絲參與策劃的商品開發企劃便開始了。二〇〇九年二月發行了第一波的「奶油培根口味」，接著「炸雞口味」、「起司咖哩口味」等各種期間限定風味也紛紛上市。

## ◎集思廣益，以人氣投票方式決定產品

商品開發大致是以下的流程。

首先，在新生加入的四月，請大家提出想要嘗試的新口味，學校方面則從超過一千個提案中，實際評估口味的可行性後，提出四十到五十個提案，再利用學生的人氣投票選出前十名，最後以決選投出可以商品化的口味。

除了問卷調查之外，做出的試吃品還會發給約五百人試吃，請他們吃完後提出感想或

需要改善的地方來進行改良。同時還招募外包裝、文案、促銷品等各種意見，並用投票來決定。

利用這樣的流程販售的共同創作商品，雖然是期間限定，但有些甚至賣的比一般正規品還好。卡樂比企劃本部素材點心部 Jagariko 課課長松井淳回憶道：「二〇一四年春天販售的『蘆筍培根口味』，銷量就是一般正規品的一點三到一點五倍」。

松井表示：「雖然這是很有趣的企劃，但因為公司成本也會增加，所以曾經考慮過是否要暫時喊停。」但由於 Jagari 校近一萬人的粉絲團具有調查數據的價值，所以最後卡樂比仍決定繼續經營下去。

而卡樂比開發團隊本身定期會推出的期間限定商品，雖然跟學生們的直接開發沒有關係，但在產品銷售到全國之前，仍會聽取學生的意見做些微的調整。而針對喜愛 Jagariko 客層所做的問卷調查也不用委託市調公司，就可以直接透過 Jagari 校得到高水準的回答。

此外，只要新產品一推出，不用刻意要求學生，他們就會立即主動購買，還會將產品放在推特上，連帶達成了宣傳效果。可見粉絲的戰力有播放廣告得不到的效果。

# 第 6 章

# 確認得出結果的算法

大學

## 《週刊Diamond》調查「人才輩出的大學」倒數第一名為法政大學，這是真的嗎？

「人才輩出的大學」倒數第一名是法政大學。

商業雜誌《週刊 Diamond》二〇一四年十月十八日的特集「最新大學排行榜」的報導引來大眾的議論紛紛。該雜誌與轉職網站「BIZREACH」共同合作，調查了一千五百八十四位商業人士眼中「人才輩出的大學」最佳的前五名及最差的前五名大學。其中最差的是法政大學，也就是說法政大學是「最沒有人才的大學」。

倒數第二名是日本大學、第三名是青山大學、第四名是學習院大學，顯然就算是GMARCH（學習院、明治、青山、立教、中央、法政六所大學的簡稱）這樣的明星學校也有人抱持著不以為然的看法。

從項目別來看的話，法政大學在「全球化人才輩出的大學」及「經營幹部人才輩出的大學」也都敬陪末座。在「理科人才輩出的大學」是倒數第二名，理由是「沒有追求專業領域的野心，在大學時代沒有執著做什麼的信念」、「感受不到對工作的強烈欲望」等毫不留情的批評。

網友的反應則是有人認同，有人反對，正反意見各據一方。對於這樣的排行榜，要怎麼解讀才好呢？

※與我同期進公司的同事，現在成為高階主管，而對方就是法政大學畢業的，因此我個人完全沒有這種感覺。

**被稱為「無人才」的法政大學**

**■ 由商業人士選出的「人才輩出大學」**

| | 最佳 | 有人才（A） | 無人才（B） | 得分 A-B |
|---|---|---|---|---|
| 1 | 慶應義塾大學 | 2170 | 536 | 1634 |
| 2 | 早稻田大學 | 1838 | 684 | 1154 |
| 3 | 京都大學 | 1041 | 328 | 713 |
| 4 | 一橋大學 | 580 | 115 | 465 |
| 5 | 東京大學 | 1596 | 1161 | 435 |

| | 最差 | 有人才（A） | 無人才（B） | 得分 A-B |
|---|---|---|---|---|
| 1 | 法政大學 | 125 | 348 | -223 |
| 2 | 日本大學 | 239 | 457 | -218 |
| 3 | 青山學院大學 | 166 | 307 | -141 |
| 4 | 學習院大學 | 22 | 151 | -129 |
| 5 | 獨協大學 | 27 | 116 | -89 |

出處：《週刊 Diamond》2014 年 10 月 18 日號

真相是……

## 將有人才的「比例」從高到低排名後，排行榜就會改變

法政大學的評價不一致，大概是受到計算方法影響所致。排行榜中回答者在「有人才的大學」、「無人才的大學」中將一至五名，分別給予五至一分，統計後將「有人才」減「無人才」後的分數作為排行榜順序。因此就算A大學「有人才」的總分共一百分，但在「無人才」評分中是兩百分的話，那A大學仍會得到負一百分的分數。另一方面，排名中間的中小規模B大學，若是「有人才」共計十分，而「無人才」合計是八十分的話，那B大學得分就是負七十分，在「有人才」的評價中，仍會贏過A大學。

那麼，如果將「有人才」的比例，依照排名順序來看的話會是如何呢？結果是最差和最好的大學排行順序將重新洗牌。

最佳排行榜的第一名和第二名，由於沒人將它們列入「沒有人才」的大學，所以「有人才」的比例是百分之百，因此由「有人才」分數最高的哈佛大學奪冠，第二名是標榜正統通才教育、位於秋田縣的國際教養大學。分數在前五名的大學中，一橋大學也是唯一在

依有人才的「比例」來做排名，結果完全不一樣

商業人士評價的「人才輩出大學」

| | 最佳 | 有人才(A) | 沒有人才(B) | 有人才的比例 A/(A+B) |
|---|---|---|---|---|
| 1 | 哈佛大學 | 24 | 0 | 100.0% |
| 2 | 國際教養大學 | 16 | 0 | 100.0% |
| 3 | 東京工業大學 | 496 | 79 | 86.3% |
| 4 | 國際基督教大學 | 209 | 41 | 83.6% |
| 5 | 一橋大學 | 580 | 115 | 83.5% |
| 7 | 慶應義塾大學 | 2170 | 536 | 80.2% |
| 10 | 京都大學 | 1041 | 328 | 76.0% |
| 14 | 早稻田大學 | 1838 | 684 | 72.9% |
| 29 | 東京大學 | 1596 | 1161 | 57.9% |

| | 最差 | 有人才(A) | 沒有人才(B) | 有人才的比例 A/(A+B) |
|---|---|---|---|---|
| 1 | 國士館大學 | 0 | 39 | 0.0% |
| 1 | 名城大學 | 0 | 39 | 0.0% |
| 3 | 文教大學 | 0 | 37 | 0.0% |
| 4 | 亞細亞大學 | 0 | 28 | 0.0% |
| 5 | 茨城大學 | 0 | 24 | 0.0% |
| 14 | 學習院大學 | 22 | 151 | 12.7% |
| 22 | 獨協大學 | 27 | 116 | 18.9% |
| 26 | 法政大學 | 125 | 348 | 26.4% |
| 29 | 日本大學 | 239 | 457 | 34.3% |
| 30 | 青山學院大學 | 166 | 307 | 35.1% |

出處：《週刊 Diamond》2014 年 10 月 18 日號

有人才比例中前五名的大學。

雖然很不想提及，但從比例上來看，在「沒人才的大學」中，也有完全沒有人將這些學校列入「有人才的大學」裡（0%）。

文章開頭提到最差大學的前五名，從比例上來看都是位居最差大學的末位，所以並不是什麼太壞的結果。

其實，應該沒什麼人會將自己的大學評為「沒人才的大學」，所以這項調查應該要將作答者的母校標示出來，才更有公信力吧。此外，調查結果由於是主觀的集合體，所以對學校期待值也會有影響。尤其是難度較高的東大，更容易招來「明明是東大的……」這種負面的評價。

婚活

## 婚活名著《找個平凡人老公怎麼這麼難？》「普通男」只有百分之零點八？

自從婚活（譯注：結婚活動的簡稱，指為了結婚而積極採取的各種行動）這個名詞被廣泛使用後，書店裡便擺滿各種婚活對策的書籍。由於我不在對象讀者群內，所以對這系列的書種不是很清楚，但在為數眾多的婚活書當中，《找個普通人老公怎麼這麼難？》（文藝春秋出版）是以數據為基礎來說明內容，因此相當具有說服力。書中所舉的對策戰略性十足，非常實用，所以在同系列書籍中獨樹一格。作者西口敦在外資金融機關及顧問公司裡擔任顧問及監督，執筆當時任職於樂天集團的結婚情報服務中心O-Net企劃部長。那時我也曾為了採訪而叨擾過他。

這本書的書腰上有個引人注意的文案：「普通的男性只有百分之零點八」。

百分之九十九以上的男性被烙上了「連普通都不到」的印記，這是讓人訝異的數字，但這到底是什麼意思呢？書腰內有說明意思，以下是節錄：

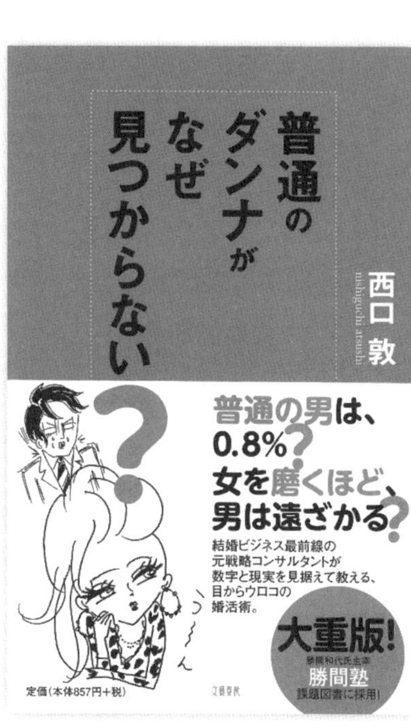


正在婚活中或考慮婚活中的女性必看的書

原因是……

一切都很普通＝說話普通百分之五十×外表普通百分之五十×身高普通百分之五十×清潔感普通百分之五十×時尚感普通百分之五十×學歷普通百分之五十×年收入普通百分之五十×＝百分之零點八

以上條件是女性在列舉結婚對象的條件時，經常提出的「至少這幾項不能太差」的七個項目，男性們想要排在前半部的話，就是二分之一乘以七次方等於一百二十八分之一。計算出來的數字是零點七八，比百分之一還少。已婚且對自己有自信的男性們，看到這個數字也會忍不住發出哀嘆。你該怎麼看待這個數字呢？

真相是……

# 或許高於百分之零點八，但嚴禁眼高於頂

首先來舉個例子，我們來想想當男性與女性各占百分之五十，且居住在東日本和西日本的人也是各百分之五十時，「住在東日本的男性」占了多少百分比呢？（為了方便計算，暫不考慮同志之類的族群）算法是男性百分之五十×住在東日本的人百分之五十＝百分之二十五。此公式成立的條件必須是住在東日本的男性並沒有多於女性。

那麼，來看看下一個例子吧。某中學舉辦英文、數學、國文、理科、社會等五個科目的考試，這五科的分數都高於全班平均分數的學生會有多少人呢？若以相同計算方式來看的話，就是平均以上（百分之五十）有五個科目（五次方），所以是三十二分之一，換算成比例是百分之三點一。

最近的中小學，小班制的學生一班都是三十多人，因此每一科都超過平均分數的學生大概一個班級裡只有一個人。反過來說，五科都達不到班級平均分數的人，一個班也只有一個人。是不是覺得有點怪怪的呢？照理說兩邊的人數應該都要再多一點才對吧。

先前提到的性別及居住地，是以住在東日本的男性並沒有比較多，且互相獨立的前提下，因此能單純以百分之五十的乘法求出結果。然而學校考試也可以用同樣方式計算嗎？英文強的學生很可能國文或數學也好，像這種項目很難各自分開算的場合，就不適用於百分之五十的乘法。

那麼，「普通男」的算法呢？先不管以下判斷是好是壞，通常學歷和年收入的相關性強，所以無法明確將學歷和年收入高低分成各是百分之二十五的四種組合。年收入排在百分之五十以上的人會比百分之五十以下的人有餘裕打扮，所以不論原本對時尚的眼光如何，只要好好訓練都是有潛力的。清潔感也是依照時尚度而增加。大概只有外貌跟身高不會跟學歷或年收入有牽扯，獨立性比較高吧。

因此，七個項目全都在平均以上的「普通男」，應該會比百分之零點八要多一點。只是一般來說，女性理想中的條件應該不會只滿足屬於百分之五十的中間族群，而是瞄準了前百分之二十的族群。若是只希冀年收入、身高和外表這三種獨立性高的項目在排名百分之二十以內的話，就算只有三項也會是百分之零點八。若可以停止無意識的眼高於頂的想法，那麼這樣的乘法應該就有意義。

開票速報

# 國家選舉或都知事選舉等開票速報節目為何用開票率百分比就可判斷「確定當選」？

國家選舉投票日晚上八點，投票時間已截止了，各家電視台幾乎都在播放開票速報的特別節目。而節目開始之後沒多久，記者們早早判斷「神奈川十一區，小泉進次郎確定當選」。開票開得還真快啊，當你這樣想的時候，卻發現電視畫面上的開票率才僅僅幾個百分比而已。就算是當地再強的候選員，在這麼早的時間點就斷定當選真的沒問題嗎？相信很多人有這樣的疑問，因此我想特別來提一下。

據說立川志之輔的落語橋段裡有這麼一說。

有人說：「開票率才百分之五就確定當選還真是奇怪啊！」

結果一位數學家說道：「這是統計學哦！」

「才開百分之五而已就可以確定？」

「你要試喝自己煮的味噌湯時，會用大碗一口氣吞下去嗎？」

**都知事選舉中也老早就確認了當選者結果**

| | 候選者名 | 得票數 | 得票率 |
|---|---|---|---|
| 當選 | 小池百合子 | 291萬2628 | 45.82% |
| | 增田寬也 | 179萬3453 | 25.83% |
| | 鳥越俊太郎 | 134萬6103 | 19.69% |

「……當然是用小碟子。」

「這就是百分之五哦！」

這個例子非常淺顯易懂，所以每次在開票時，都會重複在推特上轉推。另外還要來談票站調查（exit poll，編注：指投票當天，在投票所出口訪問剛完票的人投票意向的民意調查）。「由於媒體都會大規模進行票站調查，所以老早就知道結果了，選舉因此變得一點意思也沒有」。據說選舉特別節目為了讓大眾能享受未知的感覺，還要跟觀眾宣揚「在做票站調查時請不要講真話」。

不愧是一流的落語家，用巧妙的話術讓我們大致理解了原因。那麼，你真的知道媒體利用什麼方式才敢斷言候選人確定當選嗎？

真相是……

# 開票速報就算是第二名也可以斷定當選

試喝味噌湯就像是以任意選出的回答者構成的母集團，從母集團的推算來當作統計學的比喻。因此不用調查一億數千萬人的回答，只要用幾百人的規模就可推測傾向。

然而，開票率百分之五跟試喝味噌湯是不同的。味噌湯是均勻調好以後才試喝，但開票率可不是均勻調配好後得到的百分之五。例如A地是AA氏的地盤，B地是BB氏的地盤，在B地區就算AA氏無法勝利，但只要AA氏盡力打好選仗，仍可居於優勢。在這種情況下，當開票地區從B地區開始時，BB氏若僅以些微之差領先，媒體便會認為AA氏確定當選。在B地區做的票站調查中，若能掌握AA氏選得不錯的情報，媒體就更有自信確定當選名單了。雖然票數居第二名，但仍是確定當選的。

另一方面，若用味噌湯的例子來看，開票率百分之五時，如果A氏三千五百票、B氏一千五百票，乘以二十倍的話，最終得票數A氏就是七萬票、B氏是三萬票。但由於實際開票時無法都以同樣速度計算，所以味噌湯的故事不能跟選舉相提並論。

英國是否脫歐的公投顛覆了事前的預測

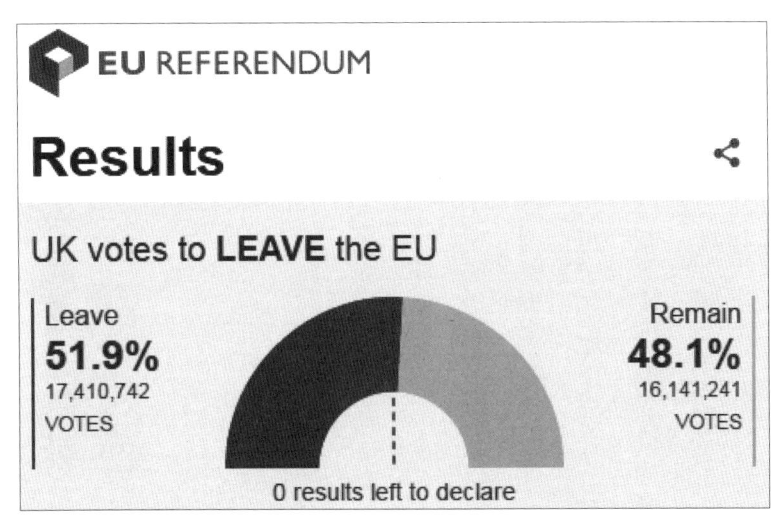


在英國是否要脫離歐盟（EU）的國民投票裡，事前的民意調查預測都是反對脫歐的，為何民調與事實相反，理由可能是回答者不能代表英國全體，且大多偏向留歐族群（年輕人、高學歷等）。

雖然是沒有根據的推測，但是主張脫歐派的多是中高齡族群，加上選前發生了主張留歐派議員被殺害的事件，所以也許有些贊成脫歐派的人在民調時沒有誠實回答。搞不好有些人就是為了攪亂票站調查的預測才說謊的，也剛好讓志之輔的落語段子實現了。

車頭大燈

# 路人在夜晚穿越馬路的死亡事故，有百分之九十六都是因為車燈過暗　呼籲使用高亮度車燈真的能防止事故嗎？

二〇一六年九月下旬，在執行秋天的全國交通安全運動之前，警察廳呼籲駕駛者在夜間行車時要使用高亮度的車燈。這是九月二十一日《讀賣新聞》等媒體報導的內容，概要如下：

- 二〇一五年因交通事故死亡的人數有四一一七人，是連續十四年減少後首次增加。
- 乘坐汽車或騎腳踏車死亡的人數有二五七一人，過去十年內減少了百分之四十六。
- 另一方面，行走中死亡的人數有一五三四人，減少約百分之二十八。
- 夜晚過馬路時被車子撞上而死亡的案件有六百二十五件。
- 引發車禍的車燈亮度低的有五百九十七件，亮度高的有九件，輔助燈六件、未開車燈十三件。
- 實際上有百分之九十六的車燈亮度都偏低。

TOYOTA 汽車的「GAZOO.com」上介紹了高亮度車燈

・亮度低的車燈只能照到前方四十公尺。
・警察廳表示高亮度車燈可減少事故。
・由於高亮度車燈十分炫目，所以在事故上可以提高警戒力。
・呼籲大家在夜晚使用高亮度車燈。

基於以上理由，推薦使用可以照射到一百公尺遠的向上式高亮度車燈。

那麼，嚴格執行使用高亮度車燈後，可以將事故減低到什麼樣的程度呢？

真相是……

# 地方新聞曾經報導高亮度車燈可能會造成事故

造成夜晚路人死亡事故的車輛有百分之九十六都是因為車燈亮度不足，聽到這個數據之後，很容易有「低亮度車燈很危險」的錯覺。只是，百分之九十六這個數字並沒有多大的意義。若車子的車燈亮度高低各占半數，那事故有百分之九十六都是低亮度車的話，確實低亮度的危險性是很高的。但如果高亮度的車只占百分之一的話呢？就算高亮度車子造成的事故只有百分之二，代表高亮度也容易出事。

為了說明高亮度的效能，新聞報導刊登了日本自動車聯盟（JAF）的實驗。五位駕駛人晚上在有障礙物的車道上以時速八十公里行駛時，發現到障礙物而停止的距離，若是可照到一百公尺遠的高亮度車燈，會是在平均八十二公尺前停止；而低亮度車燈則是在平均五公尺前停止。不過，以時速八十公里行駛就已經違法了不是嗎？

在現實問題上，無論是都心或郊外，都不可能在前方沒有車輛（包含對向車輛）的情況下，以高亮度車燈來駕駛。若駕駛人完全沒考慮到行駛環境，完全信任高亮度車燈的話，反而會增加至今沒發生過的事故。像是對向車的高亮度燈光閃入眼前時，會出現看不見的眩惑現象，或是當對向車輛與自己的車燈燈光交錯時，在其中行走的路人會消失的蒸發現象等等。

更讓人不安的是怪罪「高亮度車燈太炫目」而引起的相關問題。從過去的新聞中可以發現有許多這方面的「高亮度車燈事件簿」。像是曾犯下小學兒童殺傷事件的死刑犯宅間守元，就曾因為對向車輛的車燈而造成傷害事件。

當然在都市，只要前方沒有車子，就必須開高亮度車燈來駕駛是道路交通法的規則，重要的是視狀況來隨時切換亮度，因此自動控制技術是值得期待的。

推廣高亮度車燈不是現在才開始的，其實在十年多前就是交通指導的重點事項。查詢過去的新聞，可以發現地方報社或是全國報社的地方版都常報導相關新聞，可以說在需要高亮度車燈的區域都會有相關報導。但是網路新聞由於不受區域的限制，一刊載後就會成為全國性的新聞，因此都市的駕駛會感到困惑。這應該是造成違和感的背景吧。

前奏

# 極品下流少女八秒、SEKAI NO OWARI 三秒，夯歌前奏簡短化　過去的熱門歌前奏過長了嗎？

「愈短愈好，這是創造熱門話題的時間法則。」二〇一六年六月十日的《日經MJ》記載了這個十分有趣且很對我口味的報導。報導將歌曲的前奏或是動畫廣告簡短化的現象，從實例和人類心理做了分析。以下是概要彙整：

・前奏變短、一開始就進副歌的 JPOP 變多了。
・計算一九九五年起每五年的 ORICON 年度熱銷單曲前十首的前奏長度。
・二〇一〇年後由於 AKB 48 帶來很大的影響，因此也參考了 iTunes 的排行榜。
・一九九五年時平均二十六秒的前奏，到一〇年成為十五秒，一五年是十二秒。
・SEKAI NO OWARI「Dragon Night」三秒。
・極品下流少女「除了我以外都不是我」六秒。
・前奏過長在唱 KTV 時會被嫌棄。

愈久以前的歌前奏愈長？

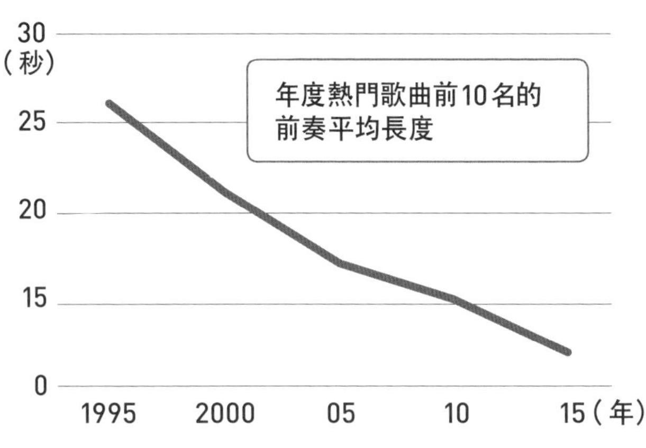


出處：《日經 MJ》2016 年 6 月 10 日

・LINE NEWS 的要聞也是以五秒的動畫來播送。

大型論壇２ｃｈ也在很久以前就存在了「今北產業」這個網路用語，意指「我剛發的這串文，求三行內說明的懶人包」。以前就算隔天再回信也沒關係的 e-mail，在ＬＩＮＥ則成為「已讀」，力求盡快回覆。

請看看上方的圖示，以前的熱門歌曲，是否年代愈久遠，前奏愈長呢？

真相是⋯⋯

# 九五年前奏平均二十六秒是來自B'z的貢獻

若再溯及一九九五年之前，是否前奏會更長呢？從這種無聊的疑問中也可以看見真相。在調查之前的預測是這樣的：「若是一九八〇年代，因為當時進入演歌年代，所以前奏很可能會變長」、「老鷹合唱團的『加州旅館』或比利喬的『The Stranger』這類前奏特別長的西洋樂也變少了，這可能是世界的潮流吧。」

實際上調查了一九八五年，也就是一九九五年的十年前，竟然沒有一首歌的前奏到達二十秒，平均約十三點六秒，還比二〇一〇年的十五秒短，而且跟二〇一五年的十二秒相差不遠。難道八五年是異類嗎？那麼再來調查一下八四年，結果也是差不多十四秒左右。THE CHECKERS（譯注：活躍於一九八〇年代的日本樂團）的曲子前奏都非常短，所以在前奏縮短這方面貢獻了不少。即便如此，超過二十秒的歌曲仍然完全排不進前十名的熱門歌曲，所以不能說「以前的歌曲前奏比較長」。

其實，二〇〇〇年的濱崎步「SEASON」四十六秒、一九九五年B'z「LOVE

### 1985年的前奏平均不到14秒

| | | | |
|---|---|---|---|
| 1 | 傷心茱莉亞 | THE CHECKERS | 18秒 |
| 2 | Meu amor é | 中森明菜 | 18秒 |
| 3 | 陷入愛河 | 小森明子 | 19秒 |
| 4 | 停不了的Romantic | C-C-B | 17秒 |
| 5 | 那女孩與醜聞 | THE CHECKERS | 3秒 |
| 6 | 眼淚不是裝飾 | 中森明菜 | 16秒 |
| 7 | SAND BEIGE | 中森明菜 | 16秒 |
| 8 | 我們的搖滾比利夜 | THE CHECKERS | 10秒 |
| 9 | 跟悲傷告別 | 安全地帶 | 5秒 |
| 10 | 天使的Wink | 松田聖子 | 14秒 |

PHANTOM」一分十九秒、同年的Spitz「Robinson」三十四秒，都是將平均值拉高的原因。九五年的B'z光是這首歌平均值就增加了六秒，若將B'z和Spitz去除後，其他八首歌的前奏平均是十八秒左右。

仔細想想，過去的熱門金曲在一開始就進人聲的也很多。（像是The Tigers「只給你愛」、澤田研二「從心所欲」、CHANELS「Runaway」「街角twilight」、井上陽水「所幸小夜曲」、工藤靜香「嵐的素顏」……）。

近年確實前奏是走簡短風，但作為比較對象的九五年或二〇〇〇年數值過大，都是因為有前奏過長的特殊歌曲在內，所以並非愈久以前的歌前奏愈長。

商務旅館

# 「什麼，住宿費一晚兩萬日圓？」APA HOTEL變身為高級旅館？

每年七月中旬週末，便是福岡市博多的「博多祇園山笠祭典」迎向最高潮的時刻，為夏日增添更多風采。二〇一四年七月的十二至十三日週末有早安少女組等 Hello! Project 的歌手在福岡 SUN PALACE&Hall、HKT48 在海之中道海濱公園舉辦演唱會等各個活動，從大老遠跑來參戰的遠征軍們很早便在網路上哀嚎「訂不到旅館」。

在活動前兩天的二〇一四年七月十日，在網路上搜尋位在博多地區的華盛頓飯店、太陽道飯店等主要商務旅館，不出所料房間全都被訂光了，只剩下表示無空房的「×」字記號。當中只有 APA HOTEL 的博多車站前分店，以及離天神較近的福岡渡邊通分店還有空房。

但是房價卻著實令人嚇一跳，因為單純住一晚的單人房竟然要一萬八千九百日圓。就算是假日前一天，對於商務旅館的單人房價來說實在是太貴了。由穿著華麗的元谷芙美子

2014 年 7 月 12 日（六）單人房住宿

| | | |
|---|---|---|
| APA HOTEL博多車站前 | △ | 1萬8900圓 |
| APA HOTEL福岡渡邊通 | ○ | 1萬8900圓 |
| 福岡華盛頓飯店 | △ | 1萬6740圓 |
| 太陽道飯店博多 | × | — |
| Route Inn飯店博多車站前 | × | — |
| Route Inn飯店博多車站南 | × | — |
| 博多中洲華盛頓飯店 | × | — |
| R&B HOTEL博多車站前 | × | — |
| 東橫INN博多口車站前 | × | — |
| 東橫INN博多口車站前2 | × | — |
| 東橫INN博多口車站前祇園 | × | — |
| 東橫INN博多口車站南 | × | — |
| 東橫INN博多西中洲 | × | — |
| 東橫INN福岡天神 | × | — |

※ 博多地區的商務旅館
（7 月 10 日當時，△表僅剩少許空房）

所有旅館都客滿，
APA HOTEL雖有空房，
然而……

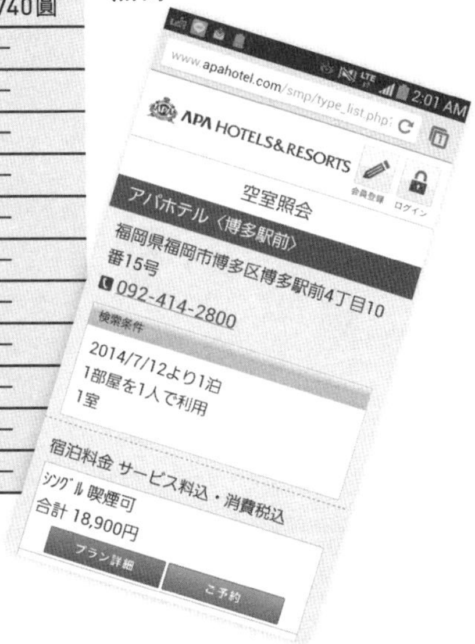

社長帶領的 APA HOTEL，不知何時搖身一變成為高級旅館了。

真相是……

## 當周邊的旅館客滿時，便將房價設定調高

只剩APA HOTEL有空房，絕對不是因為沒人氣。當周邊的競爭旅館同業都客滿時，一定會有「再貴也沒關係，只要訂得到房間就好」的客人出現。結果這個週末APA HOTEL也全部客滿。現在由於外國旅客增多，在活動重疊時，旅館爭奪戰也更加白熱化。

### ※飯店經理都是精通網路者

APA集團（東京都港區）代表元谷外志雄表示：「由於現在網路預約已經很普及，所以利用預約狀況，以及觀察其他附近同業的房價來設定價格也變得很容易。我們的飯店經理都是精通如何將空房率和費用設定的乘法達到最大化的人。」

APA HOTEL有一套系統可以取得並比較同業的即時房價，並將此系統導入旗下各分

店。只要按下「取得房價」的按鍵，便會自動確認事先已設定好的區域內其他競爭同業的網站，取得房價資料，當跟上次取得的房價資料相比有變動時，便會表示「降五百日圓」等，對變化可以一目瞭然。APA HOTEL 瞄準這些數據來調高或降低房價，以觀察預約狀況。

比方在舉辦活動帶動客源的週末，可以先將房價調高一點來觀察預約狀況，如果反應不好就再將房價降低。當住宿日接近時，如果其他飯店沒有空房，不降價也可以取得利潤。另一方面，星期日或星期一等較沒人預約的日子，則會設定房價比其他旅館便宜一百日圓。

但就算是早就預測一定會客滿的日子，提高售價的範圍「上限也只能到基準房價的一點八倍」（元谷代表）。而訂房率低的日子最多也只會降五千日圓左右。這是因為房價訂得過高或過低都有可能損害旅館的名譽。

有些分店也提供白天利用，因此有日夜兩次使用，秋葉原和東新宿分店在二〇一三年的年度使用率超過了百分之百。在網路預約已成常態的旅館業界，房價設定的即時化似乎也跟著一起進化了。

社群網站

## 僅次於ＬＩＮＥ使用率的社群網站是Google+？總務省的資訊通訊媒體調查結果讓人驚訝

「國內最常使用的社群網站服務是ＬＩＮＥ。那麼，第二名是誰呢？」

針對這個問題可能有很多人會覺得不是推特就是臉書吧。然而總務省在二〇一四年四月公布的「平成二十五年 資訊通訊媒體利用時間及資訊行動相關調查」速報中，僅次於首位ＬＩＮＥ（使用率百分之四十四）的竟然是「Google+」（百分之二十七點三）。小贏臉書的百分之二十六點一。從年齡層來看，二十到二十九歲使用率前三名是ＬＩＮＥ、臉書、推特，而Google+是第四名。十幾歲的年輕人可能比較少用臉書，名次是ＬＩＮＥ、推特和第三名的Google+。相反地，三十幾歲的使用者較多人利用臉書，名次是ＬＩＮＥ、臉書和Google+。

值得注意的是四十多歲的族群。四十到五十九歲的利用者在ＬＩＮＥ之後緊接著是Google+。難道中世代也開始不用臉書了嗎？尤其是五十多歲的族群，ＬＩＮＥ使用率百總務省公布 Google+ 是 SNS 使用率的第 2 名，但……

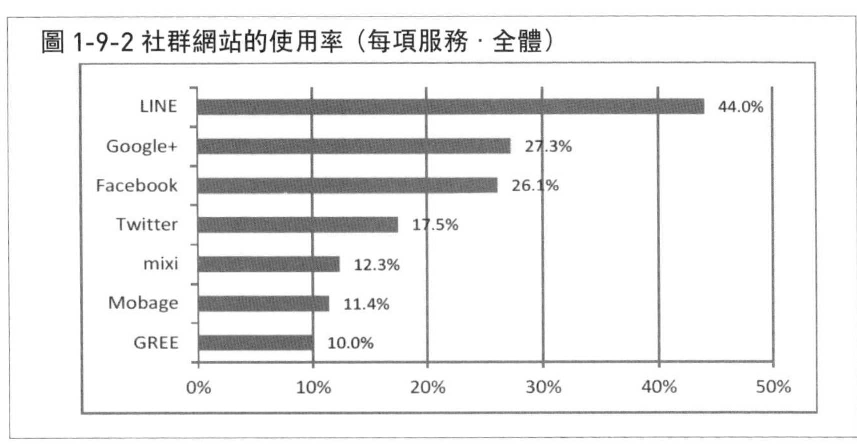


圖 1-9-2 社群網站的使用率（每項服務．全體）

分之二十二點三，而Google+則是百分之二十點七，競爭相當激烈。而六十多歲的人雖然很少使用社群網站，但Google+卻占了百分之七點七，位居冠軍，真是不可思議的結果。

這項調查結果跟你的實際感受相符嗎？

真相是⋯⋯

# 有人誤認為Google+是檢索網站的Google

總務省調查結果顯示 Google+ 是社群網站使用率第二名，跟大多數人的實際感受不同。在網友指出了違和感後，科技相關媒體也報導了這件事。因此在二〇一四年九月彙整的調查報告書上，附加了以下說明。

「此外，有關 Google+ 的選項，在問卷上的『Google+』，有人誤認為是 Google 的其他服務，可能因此造成比實際使用率要高的調查結果。」

也就是說，由於 Google+ 的知名度不高，所以有很多人以為是一般的檢索網站 Google，而認為「這樣的話我還滿使常用的」，導致 Google+ 的使用率一躍而上。同一調查在前年也做過，但在詢問使用率上並沒有加上 Google+ 的選項，是從二〇一四年開始才加的。總務省也不得不承認有誤解的可能性。

翌年，為了防止此一誤解，在提問上加了註記。平成二十五（二〇一三）年版的二十多歲世代使用 Google+ 的使用率是百分之四十五點三，但到了隔年二十六（二〇一四）年版遞減為百分之二十四點四。不過四十至五十九歲的使用率卻比前年微增，仍然高於臉書。而最新的二十七（二〇一五）年版（二〇一六年八月發表）中，Google+ 的使用率在全體占了百分之二十六點三，又回到兩年前的百分之二十七點三的水準。看來我們對總務省發布的 Google+ 使用率仍無法掉以輕心。

網路調查公司 Myvoice（東京都千代田區）每年十一月，會進行約一萬人使用社群網站的自主調查。調查對象是從網路選出來的人，調查結果表示，臉書使用率是百分之五十五點七、推特是百分之四十一，數值相當高，但二〇一五年的 Google+ 使用率僅有百分之十一點八，比二〇一三年的調查（百分之十二）微減，呈現停滯現象。對這個結果有同感的人應該比較多吧。

提到 Google+，AKB 48集團的成員會在 Google+ 設立帳號發文，但很多主力成員的帳號已經很久沒有使用了。成員主要的發文還是會選在推特或是 755、自己的部落格，而實況轉播則是使用 SHOWROOM。這便是 Google+ 使用率的流變。

●專欄6

## 男性美容保養：MANDOM的「樂思朵」，在二十年後重新奪回過往年輕男性的注目

「四十歲開始的黏膩體味」
「四十歲開始的油肌對策」
「四十歲開始的身體變化」

二〇一五年夏天起，MANDOM開始打造一系列男性專用洗髮乳或整髮劑、化妝水等美容保養品牌「樂思朵（LÚCIDO）」，明確建立「四十歲開始」的客層，以體香系列為中心的商品也讓業績成長。

「四十歲開始的……」看了這樣強打的廣告台詞後，應該也有不少男性覺得「品牌已不再走年輕路線了嗎？」樂思朵品牌的誕生在元號改為平成的一九八九年。當時是商品偏向濃烈香味的泡沫時期，但MANDOM卻反其道而行主打「無香味的男人世界」概念，推出無香料的整髮品。當時的販賣對象是學生或年輕上班族。第二次嬰兒潮世代的人在九〇

年代中期大約是二十多歲，當時銷量達到最高峰，但等到這個世代不再年輕之後，髮品使用人數也變少了，因此銷量也跟著減少。二〇一〇年時跌到高峰期的六成左右。

但公司無法這樣袖手旁觀，將目標客層漸漸移轉到三四十多歲的族群，在技術開發上開始研究中年世代特有的體味，並且開發了能抑制從後腦勺或後頸部產生的油膩汗味。這種汗味跟一般汗臭或是老人味不同，被命名為

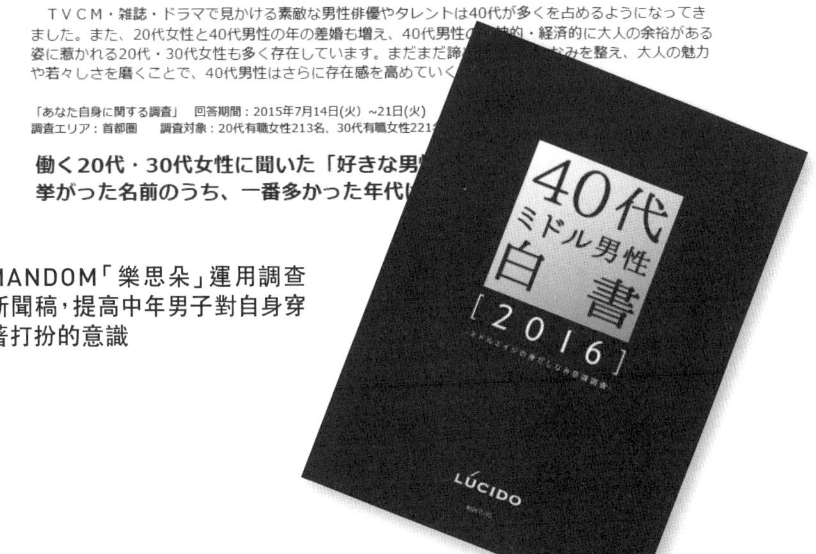


MANDOM「樂思朵」運用調查新聞稿，提高中年男子對自身穿著打扮的意識

「中年體味」，產品的訴求便是去除這種味道。

在這之前，中年男性的體臭都以老人味一概稱之，而且三四十多歲的男性對於老人味都會覺得「還早，不用理它」。而中年體味正好給了企劃方案一個啟發。

在樂思朵第一企劃部擔任品牌企劃的田渕智也說明：「因為這種味道是從後腦勺散發出來的，所以男性本人不會有自覺。但女性很容易察覺這種味道而且會覺得不快，我們在企劃上著重於要讓男性認知對策的必要性。」

樂思朵將企劃刊登在網路調查的新聞稿上。「就算冬天，百分之八十五點八的女性仍會在意三四十歲男性的體味！那種味道很可能是『中年體味』？」（二〇一三年十二月）、「最臭的地方是『老公身上』百分之六十點九。夫婦關係與體臭問題」（二〇一四年一月）、「不想跟體味重的上司或老闆共事占百分之四十三點一，但說不出口的人占全體百分之九十三點一」（二〇一四年六月）。樂思朵利用這種形式整理成新聞稿後再發給媒體。網站新聞媒體再把題材包裝成中年世代男性必須注意的危機問題，最後透過內容農場或新聞網站來散布。

為了更加明確客群、強調自我特色，強打「四十歲開始的」廣告詞，放在商品包裝、網站企劃及店家廣告上以爭取訴求。

## ◎從谷底到業績增加百分之六十

另一方面，由於體味是很敏感的問題，所以也要注意不能過度渲染。在二〇一五年九月二日的調查新聞稿裡，便如此介紹「【成熟男性的好消息】二三十歲女性裡有百分之五十三會被四十多歲男性所吸引」，巧妙營造出有心改變（或許）也是件好事的感覺。此外，代言樂思朵電視廣告的男星田邊誠一畫的無力系插畫在LINE貼圖上十分受到好評，樂思朵因此也為「田邊畫伯」畫的「中年脂臭怪人」插畫特別設了網站。

類似這樣的廣告企劃十分奏效，讓樂思朵品牌的業績從二〇一〇年的墊底，增加了百分之六十，達到有史以來最高的營業額。約二十年前曾支持無香料企劃但後來又離去的年輕人們，在成為中年世代的今日，樂思朵又成功喚回他們的心，實屬難能可貴的例子。

MANDOM定期實施以男性為對象的問卷，不僅只是儀容整潔，也包含了工作、家庭、金錢等人生觀的意識調查。田渕信心十足地表示：「作為最理解中年男性的品牌，當中壯年有問題及煩惱時，我們想要支援他們，讓上年紀成為更有智慧的事。」

# 第7章

# 傾聽網路上的「聲音」

廣告風波

## 前早安少女組成員矢口真里演出的杯麵廣告播放停止 到底要有多少反彈才該採取對策？

「我們誠心接受各位的意見，將取消播放『OBAKA'S UNIVERSITY』系列第一波的廣告。」

二〇一六年四月八日，日清食品在網站上刊登了「杯麵廣告道歉啟事」，這支從三月二十日開始播放的電視廣告還不滿十天就停播了。演出這支廣告的包含了北野武飾演的校長、因獨立引起騷動的歌手小林幸子、畑正憲、掀起影子作曲家風波的新垣隆，還有從外遇醜聞中站起的矢口真里等人飾演教授。這些個性十足的人物詮釋從失敗或危機中站起奮鬥的樣貌，有點類似朝日電視台熱門節目《失策老師》訴說學到的教訓，企圖打動杯麵族群年輕人的心。

然而廣告開始播放後，日清便接到許多抱怨，最後決定停止。廣告中有許多橋段遭到抗議，但主要的炮火是針對為何要起用矢口演出。雖然矢口已對自己的外遇風波道歉，也

**北野武校長的廣告第1波停播**

カップヌードルのCMに関するお詫び

この度、3月30日より開始いたしましたカップヌードルの新CMに関しまして、お客様からたくさんのご意見をいただきました。

皆様に、ご不快な思いを感じさせる表現があり

皆様のご意見を真摯に受け止め、当CM、「C

放送を取り止めることに致しました。

今回のCMのテーマであります、「CRAZY

「OBAKA's UNIVERSITY」シリーズは、若

今後も、そのテーマに沿って、このシリー

ます。この度は、誠に申し訳ございませんでした。

いまだ！
バカやろう！

重新回到綜藝節目露臉，但那些「酸民」仍然是屹立不搖的存在。

這支廣告真的有那麼值得被炮轟嗎？要接收到多少抱怨才會讓廣告下架或是修正呢？

真相是……

## 網友評價，喜歡百分之二十六、討厭百分之六就是好評

要產生多少抱怨，才會使廣告中止或撤回呢？我們來回顧一下有關杯麵電視廣告的數值變化。

左圖是廣告放映五天前的三月二十五日起，到決定停止的兩天後的四月十日為止，在推特上包含「杯麵」投稿的件數轉為圖表後的結果。這個數據是在HOTLIN公司的協助下，在網友評價分析服務「評價＠係長」上所發布的結果。

因為日清下了停播廣告的決定，所以廣告放映數或推特數急增、在投稿內容上顯示喜歡或討厭的結果一定是討厭占壓倒性勝利……或許你會這麼想，但實際上卻大相徑庭。

廣告播放前的平時推特數約一千則，播放後從兩千則開始緩慢減少。事實上，在播放兩天前的三月二十八日，新聞便報導了兩款首次發售的杯麵皇家版「杯麵ＲＩＣＨ」。當天推特數達到三千則，由於廣告正在播放中，所以在推特上也十分熱門。

廣告的評價如何呢？放映前，也就是三月二十五日起的三天內，網友評價「喜歡」是

推特上好評占多數的日清杯麵廣告

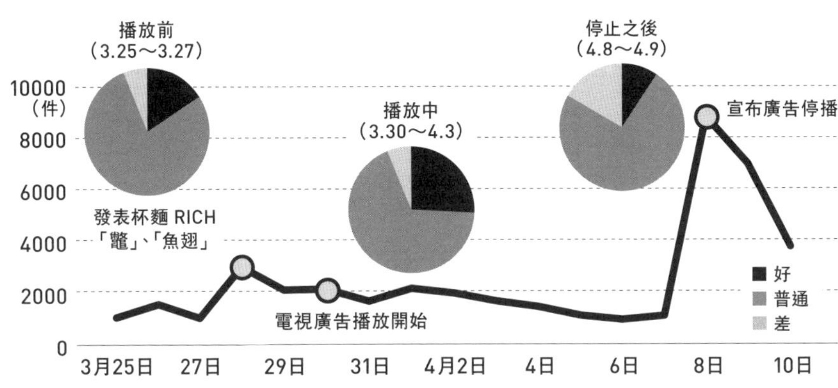


出處：利用 HOTLIN「評價＠係長」，由於調查對象推特數是十分之一的規模，因此乘以十倍

百分之十六，而「討厭」是百分之六點一。在播放開始的三月三十日起，五天內的網友評價則是「喜歡」百分之二十六，「討厭」是百分之五點九。好評度上升百分之十。在網路上的總評價是偏向正面的。

廣告播放一週之後，也就是推特數回到平時程度的四月八日，日清突然宣布停止播放廣告。當天推特數一口氣爆增到將近九千則，隔天的九號也有七千則推特。從數字的變化來看，宣布停播反而讓廣告倍受注目，搞不好這才是正確的抉擇。因為廣告停播才知道有這個廣告的人似乎也很多。

那麼，決定停播後的網友評價又是如何呢？「喜歡」變成百分之九點五，跌破百分之十，而「討厭」則上升至百分之十六點四，形勢逆轉。觀察網友的評論，「為什麼要停播」、「好可惜」的聲音十分醒目。這些不滿或悲鳴似乎都被判定為「討厭」。

而這個廣告跟一般因為公布後就被炮轟而道歉的典型鬧劇不同。批評的都是些什麼內容呢?日清公關部回答如下:

「很多人透過電話或網路抗議。並不只抱怨矢口小姐的演出,其他還有像是畑正憲的畫面出現了蛇,不適合出現在食品廣告上;把代筆作家當成諷刺的哏很糟糕等等批評的意見。我們是在綜合這些理由之後才決定停播。」

而針對矢口真里,具體來說網友是不喜歡她哪些地方呢?在推特上找了一下少數派的反對意見之後,發現其實是討厭「各位大幹一場吧」這句台詞。其實這句台詞只收錄在YouTube限定的六十秒版本廣告裡,電視上播放的十五秒、三十秒廣告裡並沒有這句台詞。矢口以「危機管理的權威 心理學院副教授」這個角色登場,在十五秒、三十秒版本裡只有以「欲一箭雙鵰,卻雙鵰皆失」的自嘲式台詞畫面做為結尾而已。

## ※對批評過度反應

「大幹一場吧」的用意不明。由矢澤永吉代言、話題性十足的日產汽車電視廣告中,有一句「NISSAN大幹一場吧」的台詞，日清想要向它致敬的意味濃厚。只不過日產的廣內，台詞全文是「盡情做想做的事，這種人生絕對比選擇不做的人生有趣」。而矢口的台詞則是緊接在北野武說的「聰明的人也改變不了時代呢」後面，因此也可以解釋成對她過去的外遇抱持肯定的看法。

就算如此，若不是什麼岐視或受爭議的發言，通常很難會引起大眾抗議。但是對於那些反矢口派的人來說，就算矢口的廣告讓他們感到不悅，也很難以「我就是討厭她」的個人情緒來抗議，所以才在「大幹一場吧」的台詞上大作文章，導致抗議事件發生。讓觀眾在想要吐嘈的場景或關鍵之處留下伏筆，是製作熱門影片的鐵則之一，但也因為這樣而讓日清決定停止播放。在「這是在支持外遇吧」的指責蜂擁而上的背後，我們可以窺見一些端倪。

結果這支好評占了多數的廣告最後被停播了。在沒有傷害人的情況下停止播放的確是很反常的事。即使廣告的主張就像飾演校長的北野武在廣告裡說的「世人怎麼想都無所謂」，但最後的結果仍然必須在意眾人眼光，實在很可惜。

另一方面，雖然為了製造話題而刻意選了會引來爭議的藝人，但最後無法承受抗議風波而停播廣告的日清也是很可憐的。就像藝人Becky的負面新聞導致退出廣告及演變成賠償問題，企業知道廣告代言人對公司帶來的影響，但仍然敢選用這些具爭議的話題人物來炒熱話題，那麼就需要有可以容忍或無視抗議的勇氣。明明是正面反應占多數的成功廣告，卻因為一些批評而退縮的話，倒不如推出安全牌的廣告比較好。

## ※影片用按讚數來得知好感度

YouTube 影片可以從重播次數下面手指標誌「喜歡」、「不喜歡」的次數大概得知網友反應。

「事情要鬧大了嗎……」雖然會不安，但看著手指標誌而能冷靜對應的是一家提供群組軟體的公司 cybozu。

該公司發表了三支以雙薪家庭的工作風格為主題的品牌微電影。二〇一四年十二月發表的第一支影片「還好嗎」，是職業婦女周旋於工作與托兒所接送之間，因為小孩突然發燒而被緊急叫回家的自問自答式三分鐘微電影。作為活躍於職場管理群組軟體最前線的該公司企劃，瞄準了職業婦女負荷過大的現狀，以改善工作形式的想法作為契機，是國內少見的問題提出型廣告內容。這個影片得到了職業婦女的認同感，很快在網路上發酵，還被電視的新聞節目報導，即使內容略顯艱澀，但觀看次數仍超過了一百五十萬次。隔年二〇

**姆指往上的「高評價」人數**

一五年一月，該公司推出了「只有爸爸做得到」的第二支影片。

然而在社群網站上得到的感想卻跟第一支廣告完全不同。最初的廣告大多數人都可理解職業媽媽的難處，但是「只有爸爸做得到」這個主題，卻受到能分配好家庭工作的雙薪家庭批評：「比起這件事，做家事、帶小孩才是『爸爸也做得到』的吧」。

cybozu 的目標不是提供理想中的雙薪家庭夫妻給人的印象或解決對策，而是瞄準在平分家事的雙薪世代中可能出現讓人感同身受的場景，讓觀眾有思考的機會。但因第一支影片大受好評，所以第二支影片的難度比預期高出許多。此外，由於有些人以為影片會提供解決方案，但最後不如自己預想的，便將心裡的不滿發布到網路上。cybozu 這兩支影片其實是同時製作的，但由於先推出的第一支廣告很耗費心力，所以第二支廣告的內容不能否認多少有點不用心。

cybozu 品牌總經理大槻幸夫是指導影片專案的人，他回顧道：「當時看到反應後非常消沈」。不過總經理青野慶久拯救了士氣低迷的品牌部。青野總經理注意到了播放數下面的「高評價」、「低評價」的數字。支持度廣泛的第一支廣告在喜歡的比例上超過百分之九十五。然而連認為不受好評的第二支廣告，在高評價的比例上也超過百分之八十。實際上當有爭議的影片公開後，「低評價」是會一直被狂按的。例如 LUMINE 在二〇一五年三月發表的影片鬧到不可收拾時，低評價的數字是瞬間爆增的。

因此，第二支廣告雖然有許多嚴厲的批判，但還是有其他不同意見存在的。先進派雙薪家庭的感想或意見當然不能視為雜音，但 YouTube 的喜好按鍵也的確告訴了我們跟這些意見相左的沈默多數也是存在的。無論是商品或是廣告，雖然會有預料之外的反應或負面意見出現，但確認這種「無聲之聲」的反應也是很重要的。

罐裝咖啡

## 麒麟罐裝飲料「別格」系列一年喊停
## 走兩百日圓的高級路線難道行不通嗎？

二〇一六年年初，在上班族之街——東京新橋車站前的NEW新橋大樓自動販賣機內，出現了滿滿高貴感的金色保特瓶罐「稀少咖啡ESPRESSO」（一百日圓）、「鹽味汽水南高梅」（八十日圓），都是麒麟飲品在二〇一四年十一月推出的「麒麟別格」系列商品。

「稀少咖啡」系列的第一波商品在自動販賣機的價格是二百二十日圓。走的是嚴選素材、著重製法的高級產品路線。由男星松本幸四郎及松隆子父女檔穿著和服代言的電視廣告造成極大話題，而同時公布了新的企業口號「生產世界第一美味飲品的公司」，傾盡心力宣傳。

最後放在 100 日圓自動販賣機販售

## ※系列第三波發售之後立即喊停

隔年二〇一五年春天，則推出了稀少咖啡BLACK及ESPRESSO、六至七月推出鹽味汽水、宇治抹茶、檸檬飲料等系列，價錢則向下修正，然而八至九月時全系列商品便停產了，品牌網站也完全撤掉。

原本是公司全心想要挑戰的新品牌，但結束的讓人太過遺憾。為什麼別格系列會以失敗告終呢？

真相是⋯⋯

## 「難度提高太多了」、「名過其實」

這時候應該要實際聽取喝過的人的意見。用「麒麟 別格」來檢索的話，可以發現各式各樣的感想，主要有兩個比較需要注意的內容。

### ※ 對命名和味道不滿

一個是對「別格」這個品牌名的違和感。當時廣告的台詞是「讓日本 更獨特」，結果銷售後有人反應「自以為了不起的命名法」、「特不特別應該是由消費者決定的吧」、「讚嘆日本的風潮竟然到了這地步」等。另一個反應是口味，雖然因為每個人喜好不同，而分成盛讚和劣評兩種截然不同的評價，但就算是對口感給予肯定的人，也有不少意見表示「不算特別的口味」並不會再購買。

麒麟「別格」系列

| 商品名 | 容量 | 價格 | 發售日 | 製造結束 |
|---|---|---|---|---|
| 「日本冠茶」 | 375g | 200日圓 | 2014年11月4日 | 2015年8月 |
| 「稀少咖啡」 | 375g | 200日圓 | 2014年11月4日 | 2015年8月 |
| 「生薑碳酸」 | 375g | 200日圓 | 2014年11月4日 | 2015年8月 |
| 「黃金鐵觀音」 | 375g | 200日圓 | 2014年11月18日 | 2015年8月 |
| 「稀少咖啡with ESPRESSO」 | 275g | 165日圓 | 2015年3月31日 | 2015年9月 |
| 「稀少咖啡BLACK」 | 375g | 175日圓 | 2015年3月31日 | 2015年8月 |
| 「鹽味汽水 南高梅」 | 255ml | 148日圓 | 2015年6月16日 | 2015年9月 |
| 「京都宇治抹茶」 | 280ml | 138日圓 | 2015年6月16日 | 2015年9月 |
| 「濃密檸檬飲」 | 250ml | 155日圓 | 2015年7月21日 | 2015年9月 |

※ 價格為未稅零售價，「京都宇治抹茶」也有推出 345ml（148 日圓）的產品

假如只是用常見的「皇家」之類的字詞來命名，加上價格像第二波的稀少咖啡 Black 那樣含稅不到兩百日圓的話，或許喝完的感想跟購買行為就會不一樣了。打著「別格」的名號會大幅提升期待感的門檻，結果反而招來名不符實的感想。

## ※五成覺得「貴一點也沒關係」

麒麟發行別格系列時，新聞稿上表示「本公司調查後發現，約有五成的顧客表示『只要好喝，就算價格貴一點也無所謂』」。事實上，各家公司販售的高級啤酒都相當受歡迎。

## ※就算是一百八十日圓，也大受歡迎的ＪＲ飲料

非酒精類飲品中，價格屬於皇家區間帶的罐裝飲料也有成功的例子。ＪＲ東日本WATER SERVICE（東京都澀谷區）於二〇一四年四月起在車站內販售的「好喝咖啡歐蕾」（一百八十日圓）在網路上也大受好評。

ＪＲ東日本內執行飲料開發、販賣的部門從車站的自動販賣機中取得了各項單品在不同時間段的營業額或購賣場所等ＰＯＳ資料。消費者因為是使用Suica來購買，因此ＪＲ東日本可以從卡片的ＩＤ取得購買商品的履歷，把握購買族群以及再次購入的傾向。

此外，還可以藉著購入的商品得知「Suica積分俱樂部」的會員中登記的性別、年齡、郵遞區號（居住地區）。由於會員數超過兩百萬人，原本只能得知「商品Ａ上週賣了〇罐」的販賣資料，現在也可以想像出是哪種消費者飲用的情景了。

像是好喝咖啡歐蕾可得知在下午

JR 東日本車站內的自動販賣機販賣的 180 日圓咖啡歐蕾飲料

的時間帶是「女性顧客取向」、「口味微甜」的產品賣的不錯，而超商販賣的兩百日圓左右塑膠杯蓋式咖啡飲品因深受女性歡迎，因此通路認為只要品質好，就算產品要價一百八十日圓，應該還是會有市場需求，所以決定販售相關飲品。

有關別格系列退出市場，麒麟宣傳部回答：「雖然在通路和部分客人間得到了一定的評價，但在價格設定上仍有一些問題。今後盼望能以這次的經驗活用在消費者多樣化的需求上。」由於麒麟的數位行銷部門在大量招募新血，所以期待它們敗北後的東山再起。

另外，賭上企業命運的企劃卻因赤字而辭職的佐藤章社長，被日清食品控股招攬，轉入日清旗下的湖池屋擔任總經理。由於湖池屋是卡樂比的競爭對手，接下來十分期待零食界會有什麼樣的反轉攻勢。

●專欄7

## 隱形眼鏡：嬌生Acuve刻意「看不清楚」的廣告讓人更有興趣

「沒睡好，疲勞消除不了。沒看清楚，進不了正規軍。」

「麵包跟運動都要下工夫才會變好。」

在有不少運動好手學校（例如札幌大谷高中經常是女子排球或游泳全國大賽的常勝軍）林立的札幌市東區，出現了上述像猜謎一樣的戶外廣告。如同二一一頁的照片般，文案做的像「視力檢查表」一樣，字愈來愈小，最後一定要靠近才看得見。

這是販售拋棄式隱形眼鏡「Acuve」的嬌生集團，以視力的重要性做為企劃的「運動×隱眼應援團」，在二〇一六年六月二十日開始為期兩週的宣傳看板。

為什麼選擇札幌呢？嬌生廣告&戰略本部品牌行銷資深經理大森欣哉表示：

「調查各都道府縣十五至十七歲的學生中，裸眼視力不滿一點零的學生人數，北海道是視力最差的前三名。針對這些煩惱視力不好的國高中生，以運動社團相關的訊息做成類似視力檢查的廣告看板，讓大家更能體會看不清楚的實感，重新省思有關視力的問題。」

這系列的室外廣告以國高中生的上學街道為主力，刊登在二十個以上的地點，除了札幌大通車站地下街之外，連一般不會作為廣告地點的普通商店或餐飲店牆上也有刊登。「我們是一家一家店去拜託。」大森說。順帶一提，前文提到的「沒睡好……」是寢具店，「麵包跟運動……」是麵包店，依照刊登場所不同，廣告上的內容也不同，可見嬌生下足十成工夫。

由於開始使用隱形眼鏡的年紀多是在國高中生時期，所以該如何讓這個世代的眼光轉向 Acuve 也是一個重要的課題。通常廣告文案容易聚焦在年輕人利用時間較長的手機廣告上，但這也是各類型廣告競爭白熱化的激戰區。

## ※ 刻意排除廣告性

因此，嬌生一改風格，致力於透過室外廣告製造更真實的感覺。廣告雖然在辨識度上很重要，但嬌生卻故意讓文字愈來愈小，設計成很難看得清楚的樣子，並在看版角落配上「運動×隱眼應援團」及 Acuve 的英文 LOGO。

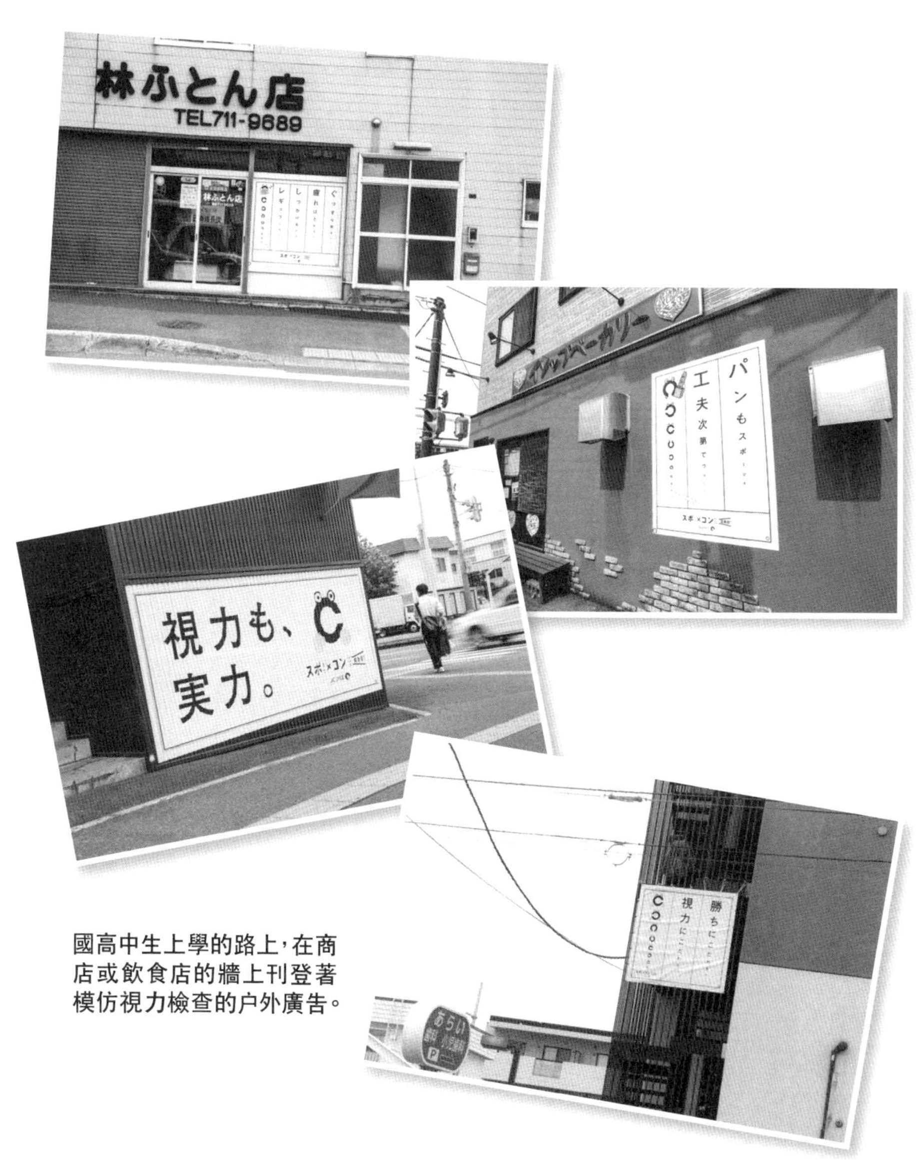


國高中生上學的路上，在商店或飲食店的牆上刊登著模仿視力檢查的户外廣告。

大森説明：「我們不會做『請搜尋 Acuve』這種太過於廣告化的文案，重點在於文案是要刊登在戶外的。」

這種刻意排除廣告性質的做法，目的是讓人湧起「這是什麼」的興趣，讓學生想要把文案拍下來發布到社群網站上，或是去搜尋「運動×隱眼」，不然就是由已經在使用 Acuve 的學生告訴其他同學們。Acuve 的品牌網站提供一個查詢管道給對視力抱持不安的人，網站裡準備了運動×隱眼的內容，藉著想要運動變強的觀點來説明視力的重要和隱形眼鏡的方便性。

一連串的廣告宣傳，讓地方的電視台或地方誌紛紛將這個企劃作為採訪話題，使地方居民更加知道 Acuve 這個品牌。如果是一般廣告的話，應該不會有這種效果吧。讓國高中生想要主動利用手機發布或搜尋，並誘發真實的口耳相傳，是非常獨特的做法。

# 第 8 章

# 不要被標題騙了

智慧型手機

## 智慧型手機的「網路交友」受害案件比前年增加一點五倍 手機是兒童色情事件的溫床嗎？

「智慧型手機受害案件增加一點五倍＝兒童色情受害者——上半年最嚴重・警察廳」

二〇一四年九月二十五日，在時事通信社的新聞網站時事.COM上登出了上述標題的新聞。以下用條列式來簡述概要。

・全國警察在二〇一四年上半年（一至六月）發表了兒童色情事件的受害者人數。
・身份經過確認的未滿十八歲兒童，比前年同期多七人，為三百二十五人。
・這項數據是統計開始的二〇〇〇年之後最多的（警察廳統計）。
・其中，使用智慧型手機與加害者認識的兒童為一百二十六人，增加了一點五倍。
・檢舉事件數量增加二十三件，為七百八十八件。在上半年已連續十年增加，打破過去最高的記錄。
・警察廳認為「由於手機愈來愈普及，這是加強取締之後的影響」。

・使用一般手機認識加害者的兒童為二十一人，減少五十五人。
・另一方面，使用智慧型手機則增加四十一人，為一百二十六人。
・加害者是親友或搭訕者的受害兒童為一百四十九人。
・將自拍照傳送到訊息的「自拍受害」方式有一百二十二人，占全體的百分之三十八。
・其中有一百一十一人為中學生以上。小學生以下有十一人，比前年同期增加四人。
・兒童色情在二〇一四年七月時僅禁止持有照片，二〇一五年七月起適用罰則。

## ※我也上當的標題

我在這個新聞出來的半年前，剛好出版了《孩子初次使用智慧型手機、ＬＩＮＥ的安心安全指南》一書，之後也一直對相關動向十分關心。因此當看到爆增一點五倍的新聞標題時，老實說的確嚇了一跳。但最後證明這其實也是標題殺人法。

真相是…

# 舊型手機大幅減少，手機犯罪手法減少

實際上是如何呢？由左頁的表可以一目瞭然。與前一年的上半年相比，被害者人數的差異並不大。在與加害者認識的方法中，智慧型手機由八十五人增加為一百二十六人，確實增加了一點五倍。不過，舊型手機（功能手機）則由七十六人降為二十一人，少了將近四分之一。而整體透過手機犯罪的則由去年的一百六十一人減少為一百四十七人，共少了十四人（減少百分之八點七）。

以智慧型手機犯案的事件比去年的上半年、前前年同期增加了四點五倍，多於舊型傳統手機。這時若是使用「透過智慧型手機增加四點五倍」的標題，可以理解是因為這一年以來智慧型手機的快速普及而得出的數字，然而標題只是用「增加一點五倍」這樣放大手機犯案的事件純增加數，就很容易上當。

媒體的角色是啟發健全的智慧型手機使用方式。身為「同業」的我雖然可以理解下這種標題是想要引人注意，但這種方式也很容易被操弄成「智慧型手機＝危險、壞」的印象，

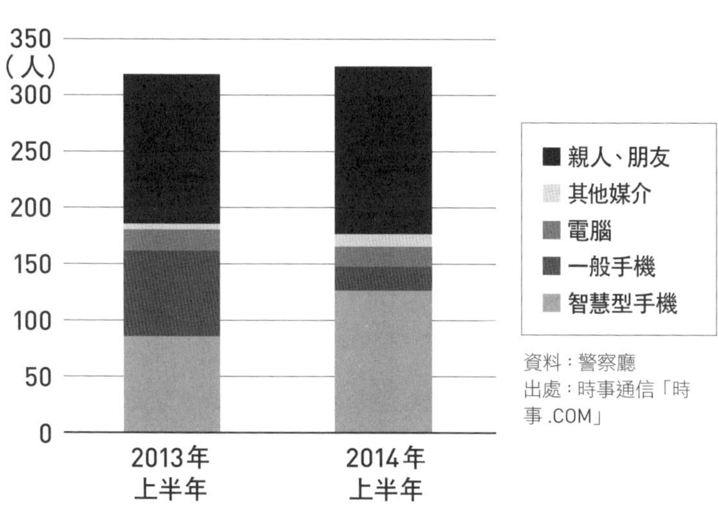


所以更要慎重。

因為時事.COM的網站上有刊登這個圖表，所以比較容易掌握實際情況。然而有些轉載時事.COM報導的地方報社卻沒有加上圖表。單看報導很難分辨事實。

像這個報導裡，在認識加害者的方式中，「親人、朋友」從去年的一百三十三人增加到一百四十九人，增加了百分之十二，與前年相比微增（增加百分之二點二）。就算父母告訴小孩「不可以跟陌生人走哦」，但很少人教導孩子在親人或朋友上的對應。剛好可以趁著這個盲點關切一下，各位覺得如何呢？

集團自衛權

# 《朝日》「反對百分之五十六」、《讀賣》「認同百分之七十一」之謎　是因為只調查贊同報社主張的讀者嗎？

集團自衛權的爭議，在二〇一四年到二〇一五年秋天的民調結果明顯呈現兩極化。在國會周邊抗議反對安保法的學生團體「SEALDs」十分受到注目。可以行使集團自衛權的安全保障關連法，最後於二〇一五年九月在參院本會議中通過、成立，並於二〇一六年三月執行。

看了全國性的報紙報導後，與其說民調完全兩極化，不如說調查結果分成兩個截然不同的結果。讓我們回顧一下二〇一四年四至五月的版面。

・集團自衛權　百分之七十一認同「限定」支持百分之六十三　《讀賣新聞》二〇一四年五月十二日

・憲法解釋變更，過半數反對　集團自衛權 百分之三十九贊成　《共同通信》二〇一

四年五月十八日

・集團自衛權百分之六十九「認可」　解釋變更有七成支持《產經新聞》二〇一四年五月十九日

・集團自衛權　憲法解釋變更，反對百分之五十六　行使有百分之五十四反對《每日新聞》二〇一四年五月十九日

・集團自衛權　百分之六十七「不適合」，首相的下一步《朝日新聞》二〇一四年五月二十六日

看起來像是意識形態不同的集團分別做出的調查，新聞標題顯示的內容大不相同。我們來整理一下有關行使集團自衛權的正反意見。

・《朝日新聞》贊成百分之二十九、反對百分之五十五

・《每日新聞》贊成百分之三十九、反對百分之五十四

・《共同通信》贊成百分之三十九、反對百分之四十八

這三家報社的數字大致上差不多。

・《讀賣新聞》認可百分之七十一、反對百分之二十五

・《產經新聞》認可百分之七十、反對百分之二十八

我對「贊成」和「認可」這兩種不同的說法有些在意，但兩家報社的數字卻十分吻合。
但無論如何，每個報導的說法都大不相同，為什麼會這樣呢？

真相是……

# 在提問和選項上下工夫就可以得出想要的結果

民調分成兩種截然不同的結果不是什麼好事，因為會造成讀者不信任的感覺。若是在閱讀報紙的時代，只看訂閱的某報社報紙，那不管結果如何都會接受，可是在網路時代，雅虎新聞的標題就可以同時顯示完全不同的結果。

為了讓調查結果更符合自家報社的論調，是否只以訂報者為民調對象？又是否捏造數字？還是本來就是個假的調查？網路上出現了這些懷疑的聲音。

大型報社的民意調查，會以電腦亂數組合出一組電話號碼數字再播打出去，這種方式叫 RDD（Random Digit Dialing）。固定電話的號碼是由市外局碼 - 市內局碼 - 家庭用號碼十個數字構成的，但為了不讓回答者只偏重於大都市或東日本，所以會平均依全國居住者比例產生號碼。然而，一定還是有一部分的人不想回答《朝日》或是《產經》的調查，所以可能會依各報社的立場來作答，因此不會發生《朝日》和《產經》的內革支持率差太多的結果。

## 集團自衛權的贊成反對兩立

■ 各報社於2014年4~5月實施的民意調查

| | | 贊成或認可 | | 反對 |
|---|---|---|---|---|
| 《共同通信》 | 5月17～18日 | 贊成 | | 反對 |
| | | 39.0% | | 48.1% |
| 《朝日新聞》 | 5月24～25日 | 贊成 | | 反對 |
| | | 29% | | 55% |
| 《每日新聞》 | 4月19～20日 | 全面認同 | 限定認同 | 不認同 |
| | | 12% | 44% | 38% |
| | 5月17～18日 | 贊成 | | 反對 |
| | | 39% | | 54% |
| 《產經新聞‧FNN》 | 5月17～18日 | 應全面行使 | 在必要最小限度內可行使 | 不應行使 |
| | | 10.5% | 59.4% | 28.1% |
| 《讀賣新聞》 | 5月9～11日 | 應全面行使 | 在必要最小限度內可行使 | 不應行使 |
| | | 8% | 63% | 25% |

這樣的話，為什麼集團自衛權的民調結果還是差這麼多呢？

原因在於選項。《朝日》、《每日》、《共同》在集團自衛權的行使上，選項只有「贊成」、「反對」二選一，但是《讀賣》和《產經》卻是分成「應全面行使」的全面贊成派、「在必要的最小限度內可行使」的限定贊成派及「不應行使」的反對派三個選項，所以前兩者不管選哪一個都會歸入「認可」派內。

全面贊成派只有不到百分之十左右，而限定贊成派超過六成，結果便得出認可派有七成的標題。

當有松、竹、梅或是中等、優、特優這一類有三個選項可選的時候，大家容易排除兩個極端而選擇中間，稱為「極端的回避性」。這不只是因為日本人有優柔寡斷的性格，在國外也有相同的結果。在消費者調查中，準備了一百七十美金的相機Ａ、兩百四十美金的相機Ｂ及四百七十美金的相機Ｃ，請實驗組先從Ａ跟Ｂ兩種中選一項，結果Ａ跟Ｂ各半。再由別的實驗組從ＡＢＣ三種類中選一種，結果有近六成的人選中間的Ｂ。特意準備一個高價的Ｃ，Ｂ就容易被選中了。

尤其是像安保法制這種難以作答的題目，大多數對自己的想法沒有特定意見的人，都容易選擇中間的回答。

但若認為設計了「必要最小限度」這種中間選項是狡猾的行為，也不太恰當。「雖然我不是全面贊成，但也不能算反對。因為也不是完全沒思考，所以選個『不知道』的回答也不對」如果有這種想法的人很多，限定認同論也並非一個壞的選項。

實際上，《每日新聞》在二〇一四年四月的調查中，在集團自衛權上做過包含「限定上應認同」的三種選項。結果果然以「限定上的認可」為最多數的回答。將限定上的認可也視為全面贊成後，看起來簡直就像贊成派是壓倒性的多數一樣。

民意調查可以利用提問的遣詞用句及選項的放置方式，輕易地改變數字。在提問內說明有關集團自衛權時，當美國等與日本有緊密關係的國家受到攻擊時，有「日本未受到攻擊但也有反擊的權利」和「日本未受到攻擊，但也可以視為對日本的攻擊，有並肩作戰的權利」兩種選項，贊成前者的有超過百分之十以上（《每日新聞》二〇一四年五月二十二日第五版）。

看調查結果時，應該要注意引導出數字的選項或提問內文。

●專欄8

## BON咖哩：退出電視廣告、大砍六成廣告宣傳費，但營業額仍然增加

調理包咖哩的代名詞，大塚食品的「BON咖哩」，自從由女明星松山容子代言之後，一直都在電視廣告上找名人代言、長期播放，是宛如媒體廣告般象徵的存在。

BON咖哩在二〇一三年迎接販售第四十五週年之後，便退出電視廣告了。實際上等於減少了六成的廣告宣傳費，但銷售量仍微幅增加。不打廣告並未帶來負面影響，取代的是影片廣告，主打對象是上班族媽媽。

有九成以上的人聽過BON咖哩，所以幾乎是無人不知。但是最近若問大家吃過BON咖哩嗎？可能回答「是」的人並沒有這麼多。打廣告的目的多是以知名度低的品牌或是今後要發售的新商品為取向，但像BON咖哩這樣已經具有知名度的產品，在十五秒內要傳達讓消費者看了以後想購買的動機是很難的。

「因此我們修正了目前為止的廣告宣傳風格，企圖用引起消費者的注意力為重心來轉

換方向」（大塚食品製品部調理包裝產品經理垣內壯平）

代替電視廣告的是在YouTube上公開的數分鐘長度影片。探究「BON咖哩可以解救誰」，主要訴求對象是雙薪家庭，但又難以減輕家事負擔的上班族媽媽。

在二〇一五年的上班族媽媽應援短片裡，口號是「Smile Table Day 媽媽也能笑咪咪的餐桌三要素」。三要素的內容是「輕鬆做飯（使用調理包）」、「不離開位子（大家一起說『我要

2015年7月，Smile Table Day 餐桌三要素企劃

開動了』和『我吃飽了』）」、「享受聊天時光」。

影片取得了三個忙碌家庭的協助，將攝影機安裝在室內拍攝平日晚餐的樣子。帶著小朋友從托兒所回家的媽媽一邊安撫撒嬌的小朋友，一邊忙著準備晚餐，反應出一刻不得閒的上班族婦女情境。而當請他們開始執行餐桌三要素之後，A家族的餐桌時光增加一點七倍、會話數增加一點二倍、笑容增加一點三倍，屬於前後對照型的影片。

為了引導大家點進這個影片的連結，大塚食品在網路新聞媒體上清楚寫出公司名稱當成宣傳稿刊載，並在三個網站上公開了以一千名上班族媽媽為對象實施的問卷調查結果等內容，在網站內文中也會貼上可以重複播放的影片連結引導大家點進去。雖然觀看次數不如第一波影片，但全程觀看視聽率卻大幅成長。

## ◎測「熟讀率」作深入分析

而從去年年底到今年年初的十五天內，大塚食品還導入可以測出前述三個網站內容「熟讀率」的工具，並調查了影片全程觀看視聽率的相關資訊。

導入的系統工具是支援數位PR的BILCOM公司（東京都港區）所開發的「Contents

Analyzer」。原本網站的「停留時間」包含了離席的時候，或是瀏覽器在一開始尚未出現時做其他事的時間，這些都算在連接時間內。但這個工具會將網站一開始使用滑鼠或鍵盤的時間當成「注目時間」，把它與「捲動轉軸動作」合併，從而計算出閱讀到哪一階段的「熟讀率」。

三個網站的報導中，以「壯烈的真實餐桌事件」這個帶點聳動意味標題的報導最受人關注，熟讀率很高。不過在熟讀率最低的教育、考試情報新聞網站，影片的全程觀看視聽率則是最高的。

受到標題吸引而看完報導的人雖然多，但因為這股勁而將影片看完的人卻是少數，相對較生硬的內容雖然熟讀率低，但他們大多能將影片看完。

垣內表示：「原本光看閱覽數無法知道網友到底有沒有看完，但現在更能掌握動態了，在考慮媒體選擇、下標方式和影片配置區域時很有參考價值。」今後若能更加提高網站內容的熟讀率或指引的精準度，也就更可以提升數位宣傳的效果。

# 終章

# 為了不要被數字矇騙

## 媒體喜歡報導「少見的事」、「意外的事」

從報紙、電視到網路專業新聞媒體，傳媒並不是要報導世界上發生的事情，而是著重在發生什麼變化、可以看見徵兆的事情，或是少見的事、意外的事實和真相等等。理所當然的事如果理所當然的發生了，是很難成為新聞的。事實上，也沒有人會去看這種新聞吧。所謂的新聞性就是變化的事，愈看不到一致性，或是與印象中的反差愈大，那麼讀者的回應也就愈大。藝人 Becky 被媒體過度追殺也是因為這個背景。

如同第二章「傷害事件」中介紹的，被舉發的少年（刑法犯少年）人數大減，簡直可以說是「年輕人犯罪冷感」。原因不是少子化，而是在十四至十九歲人口每千人的人口比中，與過去相比是有史以來最少的。

然而，認為少年犯下重大案件的人比五年前還要多，超過了八成，這實在讓人感到遺憾。或許是因為這項調查是在二〇一五年二月發生的川崎市國一男學生殺害事件後的幾個月所做，使得結果受到影響也不一定。

## ※ 陷阱在於只看想看到的現實

少年犯罪若是每一件都報導可就沒完沒了，讓人不禁想要忽略不看，因此當犯罪數減少會突顯其稀少性及意外性，反而引人注目。所以沒有犯案或是犯案減少的事實突然刊在新聞上是很難的，因此犯罪數較多的過往會隨著回想的修正而被美化，大家的認知反而變成現今是更難以生存的年代。

要排除這種想法是很困難的。「大多數人只看得到想看的事實」。這是古代共和制的羅馬英雄凱撒大帝（尤利烏斯・凱撒）的名言。少年犯罪只要連續發生兩三件之後，就會以少年犯罪增加、殘暴化的假設來找尋類似的案件來補強。並不是刻意隱藏與過去的比較，而是一直認為「最近增加了」所以沒考慮到要和過去比較。我希望媒體、觀眾和讀者都能知道，在無意識中會擁有這樣的思考習慣。

# 追溯並比較過去才能把握現狀

二〇一六年九月大相撲秋場所，由於大關豪榮道在初優勝全勝的亮眼表現而非常熱鬧。豪榮道在之前名古屋場所時曾是負越（譯注：相撲中力士在本場所十五天內在七勝以下），而大關只要連續二場所負越的話，就會從大關的地位跌至關脇。眼看再一步大關地位就要不保了，但逼到絕境的豪榮道最後得到優勝，新聞也紛紛下了「久違〇年」的標題。日本出身的力士得到優勝者，在二〇〇六年初場所的大關櫪東之後，二〇一六年初場所的琴獎菊剛好是十年以來的第一人。那麼在全勝優勝中，身為日本出身的力士豪榮道、或是身為角番（譯注：大關在該場所負越）大關及大阪出身力士的豪榮道，到底是時隔多久後拿下優勝的呢？一時眾說紛紜。

有的會用「睽違〇年」的說法，也有人會舉出記錄保持人的名稱，例如「自貴乃花以來」的說法，還有人會舉出年號和場所名，例如「一九九四年名古屋場所以來」，看起來像是傳達了非常了不起的事情，但到底是「多久以來」還是讓人不太清楚。

這種時候可以在雅虎新聞等提供全國體育報或全國報導的新聞記事網站上蒐集片斷的

情報。整理之後如下：

◎豪榮道　全勝優勝記錄

・角番大關的優勝（二〇〇八年夏場所的琴歐洲之後睽違八年）
・角番大關的全勝優勝（二場所連續負越而跌至關脇，是從一九六九年定下制度後第一次）
・初優勝全勝優勝（一九九四年名古屋場的武藏丸之後睽違二十二年）
・日本出身力士的全勝優勝（一九九六年秋場所的貴乃花之後睽違二十年）
・大關的全勝優勝（二〇一二年秋場所的日馬富士之後睽違六年）
・日本出身大關的全勝優勝（一九九四年九州場所的貴乃花之後睽違二十二年）
・大阪出身力士的優勝（一九三〇年夏場所的山錦以來睽違八十六年）

豪榮道的全勝優勝記錄，以上一覽無疑。此外，也可以看出相撲界的趨勢是在貴乃花活躍的九〇年代，外國人力士還是以夏威夷人為主。在閱讀啤酒、車子、犯罪事件跟事故等資料的時候，也可以用追溯過往的相對比較法，更容易把握現狀。當我們將一堆混沌不清的資料整理及比較之後，原本曖昧不明的事實就更容易看清楚了。

## 到一般人不常去的地方走動

有關第四章街上的喫茶店減少一事，市場行銷顧問山本直人解釋並非只是「因為減少所以退流行的夕陽產業」，他以數據的本質及透過行銷的感性所磨出的訣竅，推薦大家「嘗試去其他人不太去的場所及店家看看」。乍看恍若夕陽產業的昭和風純喫茶店是因為沒有接班人，而不得不關店的例子很多，但絕對不是因為產業落後而被顧客拋棄，這個事實只要實際走一回店家就能感受得到。若只是光看數據的話，會自動解釋成大幅減少等於沒有人氣，但用半田野調查的心態去看，就能對數字有多面向的看法跟感受。

相反地，若是把自己眼中的事物或周圍發生的事情，就直接以為是現在情勢，只用當下潮流來判斷的話是很危險的。比方說如果去皇居附近走一趟，會看見許多有活力的老人家混雜在年輕人中慢跑。這很容易會讓人誤以為經濟無虞的銀髮族健康市場是很有潛力的。「不能單看皇居跑者這種單一現象來判斷它是全體的傾向」（山本）。博報堂生活總研的「生活定點」調查中，在「注重健康的生活」這個選項中，六十多歲的男性從二〇〇六年的百分之八十一點八大幅減少為二〇一二年的百分之七十二。團塊世代在進入六十歲之後數字

養成看清數據本質的行動、習慣

❶
排除先入為主的觀念，質疑數據

❷
試著到沒什麼人煙的店或場所多走動

❸
對於自己無意識購買的消費行為，反過來回想「購買的理由」

❹
確認異世代、異類型的消費，建立假設，找尋真實的聲音

❺
閱讀不同領域的書籍，培養洞察力

便下降了。我們很容易因為眼前的景象而將自己的思考固化，因此需要搭配數字來補強這一部分。

針對養成看清數據本質的行動、習慣，我在採訪許多行銷顧問時獲得了不少建議，列舉如上方圖示，請務必參考。

# 結語

選擇本書的人，也許曾閱讀過「看穿統計的謊言」系列書籍。本書雖然也可稱為該系列的類似書籍，但那一類書籍的主旨較著重於「因為有壞人想要利用數據來矇騙無知的消費者，所以要聰明一點別受騙」的觀念。

但是實際上，就算是一些被稱為統計專家的學者或分析人員，也會不小心地公布欠缺檢證的資料，而媒體也完全相信並大肆報導，然後這些奇妙的數字或假說，便在不帶惡意的情況下傳達給讀者或觀眾。

第一章開頭舉例的「年輕人對出國旅行冷感」便是典型的例子。二十多歲的出國人數在九〇年代中期由盛而衰，而日本二十多歲世代的出國比例也大幅降低。雖然被說成是對出國旅行冷感，但少子化嚴重的二十歲世代出國人數，會比第二次嬰兒潮世代當時的二十多歲人數少也是理所當然的事。不考慮這種事實，光看數值而貼上「安於現狀」標籤的例子不勝枚舉。雖然老是說「年輕人的〇〇冷感」，但其實中高年齡層也一樣愈來愈冷感。

「媒體都愛這樣亂貼標籤，你自己就是媒體人有什麼資格來說呢？」大家一定會這樣批評，而我也欣然接受。沒學過統計基礎的一介記者在取材與自身領域不符的主題時，若是一意孤行的貼上無用的標籤或是缺乏根據的數字，會造成不必要的爭議，也是造成風波的使作俑者。

我目前為止出版了《網路風波對策的教科書》（中文暫譯，ネット炎上対策の教科書）、《孩子初次使用智慧型手機、ＬＩＮＥ的安心安全指南》（中文暫譯，わが子のスマホ・ＬＩＮＥデビュー安心安全ガイド）等以網路風波對策、社群網站安全活用為主題的書籍。記錄了包含企業公司也捲入風波的事例，並整理出預防及事後對策，但相關問題卻沒有好轉，反而一直增加，因此有必要讓起始的火源不易形成。

如同第二章增設托兒所中所說的，一開始的刻板印象是「不理解育兒辛苦的都是中高年男性」。但是若檢視數據後，會發現並非一定是這樣。只要肯查證的人增加的話，不必要的世代間戰爭也就不會再出現了。

本書在執筆上受到 transcosmos analyticspx 取締役副社長萩原雅之先生非常多的啟發。萩原先生在弊誌《Nikkei Digital Marketing》的連載專欄「改變行銷調查的數位科技」上也有執筆，身為責任編輯的我因此與萩原先生略有淵源。本書中舉的三十個案例中，有一部分是萩原先生在臉書上提出的議題。在這裡藉著這個場合致上謝意。

接觸數據資料時，重要的是要排除成見，雖然不是容易的事，但在閱讀本書時若能不囫圇吞棗，嚴苛看待，並能在工作上、私下都帶來幫助的話，將不勝感激。

二〇一六年十月

《Nikkei Digital Marketing》記者 小林直樹

小數據騙局：不再被數字玩弄，八個觀點教你戳破媒體的圖表謊言 / 小林直樹著；Nikkei Digital Marketing 編；呂丹芸譯 . -- 初版 . -- 臺北市：時報文化, 2018.04
面； 公分 . -- (BIG 叢書；286)
譯自：だから数字にダマされる
ISBN 978-957-13-7361-4 ( 平裝 )

1. 統計分析 2. 統計圖表 3. 數字

511.7 107003800

---



ISBN 978-957-13-7361-4
Printed in Taiwan

BIG 叢書 286

# 小數據騙局

## 不再被數字玩弄，八個觀點教你戳破媒體的圖表謊言

---

## だから数字にダマされる

作者 小林直樹｜編者 Nikkei Digital Marketing｜譯者 呂丹芸｜主編 陳怡慈｜責任編輯 龍穎慧｜執行企畫 林進韋｜美術設計 陳文德｜內文排版 新鑫電腦排版工作室｜發行人 趙政岷｜出版者 時報文化出版企業股份有限公司 10803 臺北市和平西路三段 240 號 4 樓 發行專線——(02)2306-6842 讀者服務專線——0800-231-705・(02)2304-7103 讀者服務傳真——(02)2304-6858 郵撥——19344724 時報文化出版公司 信箱——台北郵政 79-99 信箱 時報悅讀網——www.readingtimes.com.tw｜電子郵件信箱——ctliving@readingtimes.com.tw｜人文科學線臉書——http://www.facebook.com/jinbunkagaku｜法律顧問 理律法律事務所 陳長文律師、李念祖律師｜印刷 勁達印刷有限公司｜初版一刷 2018 年 4 月｜定價 新台幣 320 元｜缺頁或破損的書，請寄回更換

時報文化出版公司成立於一九七五年，並於一九九九年股票上櫃公開發行，於二〇〇八年脫離中時集團非屬旺中，以「尊重智慧與創意的文化事業」為信念。